탁월하게 서글픈 자의식

탁월하게 서글픈 자의식　　　　　　　　박참새

마음산책

### 탁월하게 서글픈 자의식

| | |
|---|---|
| 1판 1쇄 발행 | 2025년 6월 20일 |
| 1판 2쇄 발행 | 2025년 6월 30일 |

| | |
|---|---|
| 지은이 | 박참새 |
| 펴낸이 | 정은숙 |
| 펴낸곳 | 마음산책 |

| | |
|---|---|
| 담당 편집 | 김수경 |
| 담당 디자인 | 오세라 |
| 담당 마케팅 | 권혁준·김은비 |
| 경영지원 | 박지혜 |

| | |
|---|---|
| 등록 | 2000년 7월 28일(제2000-000237호) |
| 주소 | (우 04043) 서울시 마포구 잔다리로3안길 20 |
| 전화 | 대표 l 362-1452  편집 l 362-1451  팩스 l 362-1455 |
| 홈페이지 | www.maumsan.com |
| 블로그 | blog.naver.com/maumsanchaek |
| 트위터 | twitter.com/maumsanchaek |
| 페이스북 | facebook.com/maumsan |
| 인스타그램 | instagram.com/maumsanchaek |
| 전자우편 | maum@maumsan.com |

| | |
|---|---|
| ISBN | 978-89-6090-934-2  03810 |

* 책값은 뒤표지에 있습니다.

슬픔에게 언어를 주오.

— 윌리엄 셰익스피어, 『맥베스』

책머리에

아빠는 내 어릴 적 사진을 무척 자주 보여준다. 마치 내가 당사자인 걸 모른다는 듯이. 사진 속 나는 여덟 살이고, 앞니 두 개가 다 빠져 있으며, 볼살이 오동통하다. 무엇보다 활짝 웃고 있다. 아빠는 믿을 수 없다는 듯이 중얼거린다. 참 이렇게 밝았었는데, 활기차고……. 딸아기를 그리워하는 그 마음이 어렸을 땐 참 싫었다. 지금 내가 이렇게 멀쩡히 살아 있잖아, 앞에 있잖아, 있는데도 사진 속 나에게서 헤어 나오지 못하고 기억나니 기억나니 몇 번이고 되묻는 것이 짜증이 났다.
지금의 내가 마땅찮아 그러는 거라고 으레 짐작했다. 사실은 아빠가 엄청 슬퍼서 그랬던 거라고 생각한다. 사진 속 어린 나를 보는 일이 내게도 엄청 슬픈 일이 되었기 때문에, 나도 그 사진을 계속 계속 보면서, 참 맑다, 정말 잘 웃네, 웃지 않는 법은 모른다는 것처럼 정말 환하게 웃고 있네, 하면서 엄마한테도 오빠한테도 이것 좀 봐 이것 봐, 정말 귀엽지 않아? 이게 나래, 나였대, 기억나 기억나 몇 번이고 되묻는 게 내 쪽이 되었기 때문에.

나는 가끔 내 안의 어떤 부품이 완전히 고장 나서, 뭔가를 전혀 할 수 없거나 느낄 수 없는 것 같다고 생각했다, 오래도록. 이런 생각을 오래 하면 이어서 또 이런 생각을 하게 된다. 혹시 내가 잘못 태어났나, 그 흠결이란 것이 너무나도 미세해서 알아차릴 수도 없을 만큼, 그리하여 긴 세월을 조금 부서진 채로 견디다가 끝에 다다라서야 한계를 느낀 나머지 스스로의 모든 것을 점검해야 하는 정도의, 가느다란 결함. 그리고 이것을 영원히 수선할 수 없을 것 같단 생각이 들면 이제는 정말 아무것도 할 수 없을 거라고 생각한다. 너무 많이 자거나 아예 자지 않거나, 지나치도록 먹거나 완전히 먹지 않거나, 심하게 울거나 일절 울지 않으면서 나는 내 안의 빗금이 서서히 맞아가기를 진심으로 바랐다.

나는 슬픈 사람이다. 이유 없이 슬픈 사람이다. 그 어떤 시절도 사람도 내가 슬픈 이유가 될 수는 없었다. 그렇지만 모든 슬픔에 이유가 필요한 것은 아니며 아주 많은 슬픔이 이유 없는 채로 우리 사이를 배회하고 있다. 갈 곳 잃은 슬픔들이 매일매일 산책한다.

그리고 당신 또한 슬픈 사람일 것이다. 이유 없이 슬픈 사람일 것이다. 우리 바깥세상의 가깝고 먼 일들을 보면서 자주 퇴출당한 듯한 기분을 느끼고, 그리하여 모두와 영원히 불화할 것만 같단 생각에 또 괴로워하는. 나로 인해 울다가도 세상의 울분 소리가 들려오면 또 정신이 혼미해지는. 삶이, 삶이 너무 길다는 사실을 알아버린 얼굴로.

   그 얼굴들…… 저마다의 명랑함을 그리워하고 있을
   실종된 아이를 찾는 전단지의 표정을 한
   아이는 또 웃고 있다 여덟 살의 얼굴로 흠집이란 건 찾아볼 수도 없는
   얼굴로 앞니가 두 개씩이나 없는데도
   태생이란 건 없다는 듯한 얼굴로

   이것을 쓰며 그 얼굴이 된다.

   가본 적 없는 거리를 걸으며 생각한다. "여러분을 위해 새 책을 냈어요."[1]

차례

책머리에 7

서글픈 자의식 15
몸에 묶인 55
간지러운 비명 81
시(달리는) 127
종이무덤 161

부록 201

그건 그렇고, 의젓한 인간이 진심으로 만족하면서
이야기할 수 있는 화제란 도대체 무엇일까?
답―자기 자신에 관한 것이다.
그럼 나도 내 이야기를 하기로 하겠다.
―표도르 도스토옙스키, 『지하생활자의 수기』

일러두기

※ 본문 27, 35, 42, 43, 53, 79, 91, 114, 115, 125, 141, 148, 159, 168, 182, 188, 194, 199쪽의 글자가 번지는 효과는 저자가 의도한 것이다.

서글픈 자의식

나는 지금 한 권의 책을 어루만지고 있다. 보이지 않으며 불투명한. 태어나도록 운명 지어졌지만 비참해질 수도 있는. 가여운 책 한 권. 나는 그 책을 읽을 때마다 손이 떠오른다. 참 바빴던 그 손은 자신의 인종, 가족문제, 유년기, 사회나 인권, 역사, 종교 같은 거시적이고 인류학적인 문제는 다룰 줄 모른다. 바쁜 손은 언제나 설명하고 있다. 그 손을 쓰는 한 여자가 왜 이렇게 오래 슬프고 비애에 깊게 젖어 있는지. 왜냐하면 그 여자는 자신의 슬픔에 너무 깊게 관여하여서 슬퍼하는 일 이외에는 그다지 큰 의미를 두지 않았으므로. 사실 모든 인간이 줄줄이 설명될 필요는 없지만 바쁜 손은 그런 생각을 할 때마다, 그런 생각을 하는 것만으로도 억울했다. 나, 손으로 태어나 부림당하는 것이 운명이라면, 지금 이 슬픈 여자의 손이 된다는 것은 나, 손마저 서글퍼지는 일이 아닐까, 하고. 바쁜 손은 설명하기 위해 태어났다. 그 여자가 왜 그리 슬퍼하는지. 거의 모든 일에 가슴 아파하고, 스스로의 눈물을 제어할 수 없어 너무 자주 곤경에 처하고, 가진 것에는 늘 불만을 느끼면서 가지지 못한 것에는 극도의 처참함을 느끼고, 자기 비난을 일삼고, 언제나 누구에게든 버림받을 것이 두려워 보다 앞서 마중 나가 거의 모든 얼굴을 먼저 거부했던 이유를. 손이 대신 말하고 설명하지 않으면 그 여자의 너무 많은 부분이 가당찮은 공백이 되어버리기 때문이었다. 그리고 손은 너무 많은 것을 알고 있기도 했다. 서글픈 여자의 손바닥에는 갈 곳 잃은 이야기의 초고들이 한가득이었다. 얼마나 많은 비밀을 쥐고 있었는지, 그 무게 때문에 서글픈 여자는 울 때에도 손을 들어 올려 얼굴의 눈물을 닦아낼 수도 없었다. 혹 누가 듣게 된다면 알게 된다면 참혹할 정도로 부끄러운 이야기들 역시 많았기 때문에 조금이라도 새어 나갈까 싶어 손은 항상 주먹을 꽉 쥐고 있었다. 주먹 쥔 손을 길게 늘어뜨린, 서글픈 여자는 떨어지는 눈물을 닦지도 않고 뚝뚝 흘리며 걷다가 제 풀이 먼저 죽는 바람에 낯선 산책로 한가운데에서 중심을 잃고 그대로 쓰러졌고, 죽었다. 물론 이것은 사실이 아니다. 넘어질 때 손으로 땅을 짚었으므로 큰 상처도 충돌도 없었다. 이것은 그저 이 슬퍼하는 여자가 자주 죽고 싶어 하기 때문에, 그것에 대한 생각을 너무 자주 한 나머지 이상적이라고 느끼는 몇몇 죽음을 자신의 그것과 동일시하여 일어난 사건이다. 걷다가 죽은 사람은 슬픈 여자가 아니라 로베르트 발저다. 슬픈 여자는 아직 살아 있다. 살아 있는 여자는 슬프다.

바삐 움직이는 손을 따라가다 보면 바쁘게 슬퍼했던

여자의 이야기가 따라온다. 마치 나를 쫓아오듯이. 나는 이 책, 보이지도 않고 만져지지도 않으며 분명히 존재하는 이 책을 읽을 때마다 덩달아 바빠지고 숨이 가빠오기도 하고, 또 그런 생각을 하게 된다. 이 여자는 뭔가를 참을 수 없었던 것이다. 슬픔을? 아니, 그것은 자연스러운 것이라 참고 말고 하는 종류의 일이 아니었다. 처참히 슬픈 여자는 자신의 슬픔이 단지 슬픔으로만 축소되는 것을 참을 수 없었던 것이다. 슬픈 여자가 슬픔을 다하고 세상에서 사라졌을 때, 남아 있는 혹은 남게 된 사람들이 슬픈 여자를 두고 그 여자의 슬픔에 대해서만 이야기하고, 그 여자의 모든 결정과 행동 혹은 사소한 습관에까지도 그것은 그녀가 필요 이상으로 슬퍼하던 사람이었기 때문이라고 일축할 것이 뻔했기 때문이다. 슬픈 여자를 설명할 수 있는 것은 슬픈 여자들뿐이었다. 죽고 나서 얻게 되는 불명예는 씻을 수도 정정할 수도 없었으므로 여자는 무언가 다른 행동을 해야 했다. 슬퍼하는 것 말고도. 슬퍼하면서 동시에 그것을 설명해야 했다. 끊임없이. 대상도 청중도 없었지만 언젠가 닿게 될 인생의 종점에서 온몸에 덕지덕지 붙은 오해와 지독함을 털어놓고 가려면, 부단히 설명해야 했다. 그것이 슬픈 여자가 바쁜 손과 결탁을 맺은 이유다.

하지만 여자의 슬픔은 어떤 이유로든 너무 면밀하고

거대해서 나, 손에게도 점차 버거운 일이 되어갔다. 내가 아무리 바쁘게 움직여도 여자의 슬픔을 따라갈 수 없었다. 이해하지 못해서 설명하는 날이 조금씩 늘어갔고, 설명하지 못해서 이해하지 않고 넘어가는 때가 잦아졌다. 여자는 우악스러웠다. 나는 그 여자가 어떤 유년 시절을 보냈는지, 어떤 가정환경에서 자랐는지, 어떤 이별을 하고 어떤 만남을 가졌는지 비교적 속속들이 알고 있음에도 종종 그 여자의 행동이나 결정에 압도되는 경우가 많아졌다. 손은 마치 여자를 위해 태어난 것처럼 바쁘게 움직이며 받아 적기만을 반복했으나 여자는 그에 화답이라도 하듯 더욱 복잡하게 슬퍼할 뿐이었다. 손이 정말로 이해할 수 없는 것은 그 여자의 죽음이었다. 여자는 바쁜 손과 함께 만들어낸 슬픔의 설명서를 그 어떤 누구에게도 보여주지 않고, 그리고 그런 설명서가 존재한다는 사실조차도 엄숙한 비밀에 부치고 스스로 목숨을 끊었다. 손은 허망했다. 일생을 바쳐 집필해온 슬픔의 역사가 자신과 어떠한 협의도 없이 일방적으로, 한순간에 중단된 것이다. 손은 단번에 모든 의지를 잃었다. 온몸의 근육이 재차 빠져나가는 것이 느껴졌다. 뼈마디는 무뎌졌다. 바삐 움직였던 손은 조금씩 경직되었고 이내 곧 전혀 움직일 수 없는, 완전히 묶인 것 같은, 부동의 상태가 되었다. 굳게 닫힌 슬픈 여자의 책 한 권만이 손과 함께 남았다. 여자가 채 끝맺지 못한 자기만의 슬픔을 나, 손에게

모조리 떠넘기고 가버린 것 같아서 손은 옅은 분노감이
일었다. 하지만 그것은 또 슬픈 일이기도 하여서 손은 어찌할
바를 몰랐다. 손은 남은 그 책을 펼쳐보지도 못한 채로 그것이
영원히 닫혀 있으리라는 운명을 직감하면서 스스로 거두어질
준비를 하기 시작했다. 하나의 책. 붉고 묽은 한 여자의 일생.
그것의 유일한 목격자이자 진술자인 손은 책 위로 내려앉아
조용히 시간을 맞기로 했다. 세월에 따라 얇았던 먼지의 막이
조금씩 두꺼워지기 시작했고, 가지런히 누인 손 역시 긴 잠에
빠진 듯했다.

내가 잠자고 있던 손을 깨우게 된 것도 그때였다.
우연찮게도 내가 시를 쓰게 되었을 때. 쓰게 되었다는 말
말고는 별달리 설명할 방법이 없는 그 시기에, 나는 영원한
감옥에 갇힌 기분이 들었고 하지만 그곳을 떠날 수 없을
거란 확신이 들었다. 밀려오는 슬픔을 제어할 수 없었다. 나는
도움이 필요했다. 세상에서 가장 슬펐던 여자의 일기장이
있다는 사실을 일찍이 알고 있었지만 나는 그런 것을 세세히
읽어볼 엄두가 나지 않았다. 혹시 그 여자의 슬픔을 나도
감당할 수 없다면? 슬픔 말고 어떤 다른 이유나 사건이
있었다면? 나는 그 여자를 제대로 이해할 수 없을 것 같은
두려움에 그 여자가 무엇을 썼는지 잘 알아보려 하지 않았다.
다만 그 여자의 이름이 여기저기서 들려올 때마다 약간의

방어를 할 뿐이었다. 슬픈 사람은 있어요. 그런 사람은 이유 없이 슬퍼요. 모든 걸 다 가진 것 같아 보여도 그런 사람에게는 영원히 차오르지 않는 커다란 구멍이 과거와 현재와 미래의 모든 생을 따라다니죠. 내 말을 들은 사람들 역시 대부분 이해할 수 없다는 내색이었지만 본래 슬픔은 타인에게 조금 불편한 것이므로 나 역시 크게 신경 쓰지 않았다. 하지만 나는 왜 나서서, 나의 슬픔도 아닌, 그 여자의 슬픔을 변호한 것일까? 나는 나 스스로의 무책임함과 일종의 대담함에 가벼운 혐오감이 들었다. 잘 알지도 못하면서. 잘 알게 되었을 때 혹 별것 아닌 슬픔이었다면? 나는 영원히 나의 말을 책임지지 못할 것이다. 그렇게 암묵적인 방식으로 슬픈 여자는 슬픈 여자들이 되는 것이었다.

잠들어 있던 그 손을 깨우는 데에는 어떤 용기가 필요했다. 바삐 움직였던 과거의 몸짓을 기억하고 있을 것 같았다. 그래서 잠에서 깨자마자 미친 듯이 움직이다가 내 목을 조를 수도 있고 그런 것이었다. 그렇지만 그 여자가 어떻게 죽었는지, 그러니까 제 머리를 스스로 곤두박질쳐 사지를 결박한 다음, 질식할 것 같은 더위 속으로 자신을 내몰았다는 게, 결국은 숨을 쉬지 못해서 죽고 말았다는 사실이 내게 조금 벅찬 거짓말처럼 느껴지기 시작했다. 나는 그 여자를 이해할 수 없었다. 그녀는 빛나는 머리칼을 가졌고, 유리알 같은 눈동자를

가졌고, 매력적인 턱선과 오로지 아름답기만 한 이목구비를
가졌고, 이상적인 몸매와 키를 가졌고, 적당히 부유한 중산층
모부를 가졌으며, 원하는 것은 거의 다 이룬 것 같았고 게다가
실제로 이뤘음에도, 무엇이 그 여자를 평생의 결핍에 시달리게
했는지 나로서는 도저히 알 수가 없었다. 어떤 측면으로는
괘씸하게 느껴지기까지 했다. 너무 많은 것을 바란 것 아냐?
이런 나쁜 마음도 먹게 만들었다. 그만큼 그 여자는 거의 모든
것이었다. 완벽에 유사했다. 너무나 유사했던 나머지 그 여자는
슬픔마저도 완벽히 느꼈던 것일까. 사방으로 유추해도 내가 알
수 있는 건 토막만큼의 진실도 아니었다. 나는 잠자고 있던 그
손을 깨울 수밖에 없었다. 내비치지 않고 속으로만 앓게 되는
추리에는 언제나 미운 살이 붙기 마련이고, 나는 그런 식으로
슬픈 여자를 기억하고 싶지 않았다. 내게 필요한 것은 손이
기억하는 여자의 일생이었다.

 오래 잠들어 있던 손을 깨우는 일은 생각보다 쉬웠다. 옅은
먼지를 걷어내고 닫혀 있던 그 책을 펼치기만 하면 되었다.
두껍게 제본된 책의 표지를 걷음과 동시에 손은 그것의
표면에서 스르르 미끄러져 내려왔다. 그러고는 책장을 넘겨
읽는 나의 손을 가만히 바라보기만 하였다. 책이나 여자에
대한 어떠한 주석도 설명도 덧붙이지 않았다. 쓰인 것이 전부가
아닐 텐데도, 어떤 사실은 축소되거나 그 자체로서 왜곡되었을

텐데도, 손은 무언가를 기다리는 듯 내가 책장을 넘기는 것을
그저 살펴보기만 했다. 아주 느리게 읽었음에도 보채거나
나무라지 않았다. 나는 가만한 손과 함께 슬픈 여자의 인생을
곧게 읽어 내려갔고 예상했던 것보다 훨씬 오랜 시간이
지나서야 그것을 완전히 다 읽을 수 있었다.

    나는 시를 쓰면서, 혹은 시를 쓰지 않으면서 그 여자 생각을
멈출 수가 없었다. 멈출 수가 없어 치를 떠는 날에도 나는
그 여자의 슬픔에 대해서 생각했다. 그리고 분주했던 손에
대해서도. 그 손이 왜 그리 바쁘고 벅차게 사방을 누볐는지에
대해서도. 생각을 너무 많이 한 나머지 어떤 때에는 내가 그
여자가 된 것만 같은 착각에 빠지기도 했다. 그리고 그만큼
슬펐다. 그 여자만큼 슬픈 것 같았다. 그 여자만큼 슬프게
되면 스스로의 슬픔에도 무감하게 되어서 절망에 빠지곤 했다.
내가 왜 이토록 그 여자만큼 슬픈지, 그 여자만큼 비관하는지,
그 여자만큼 거의 모든 것에 만족할 수 없으며 여생 역시
이런 느낌 속에 허우적대다 끝나버릴 것 같아 꼼짝할 수
없는 허탈함에 쉽게 무릎 꿇는지, 이해할 수 없었다. 스스로
아득해진다는 사실은 나에게 겹겹이 닥쳐오는 재앙처럼
느껴졌다. 내가 나의 손과 결탁을 맺게 된 것도 그 때문이었다.
기분이라는 재난 속에서 어찌되었든 살아남고 싶었다. 죽고
싶다고 자주 생각했지만 그 여자처럼 죽고 싶지는 않았다. 내

눈물과 나의 비난과 나의 속된 저주를, 내가 아직 살아 있을 때, 받아 적고 싶었다. 그리하면 내가 제아무리 상식을 벗어난 방법으로 죽는다 해도 나를 탓하거나 욕보이거나 손가락질할 수 없을 거라고 생각했다. 감히. 나조차도. 그것은 나를 긍정하기 위한 악마와의 계약이었다. 내 손은 그 여자의 손만큼 바쁘게 움직이기 시작했다. 기술할 수 없는 거대한 절망이 느껴질 때면 종종 받아쓰는 것을 멈추기도 하고, 그로 인해 일각간 멍해지기도 했지만 눈물을 닦고 나서 보면 손은 언제나 다시 쓰고 있었다. 쓰지 않을 때에도 써야만 한다는 생각으로 가득했고 그래서 괴로워 보이기도 했다.

    아직도 나는 그 여자 생각을 한다. 자살하기 전에 남겼다던, 아직 원고 뭉치에 지나지 않았을, 그 손이 집필한 슬픔의 설명서도. 붉고 진한 그 여자의 일생이 담긴 한 권의 책. 나는 지금 그 책을 어루만지고 있다. 계속해 환생하고 거듭해 다른 모습으로 다시 태어나는. 그 책. 단 하나의 책. 나는 그것을 쓴다. 나의 손이기도 한 그 여자의 손과 함께. 계속해 쓴다. 그리고 나는 장치가 필요하다. 그것이 나를 지켜줄 것이다.

필요 ˙. ⸍ ⺅ 나를 지켜줄 것이다.

작업이랄 것 없이 지낸다. 시간이 나른히 흘러간다. 시간이 지나간다는 말은 사실 틀린 말이지만 일일이 따지고 들면 끝도 없기 때문에 덮어둔다. 대개 그런 식이다. 그렇죠, 그래요, 합의한 방식으로 대화는 흘러간다. 대화가 지나간다는 말이 더 적절한 것 같다. 'ㅁ'을 출력하는 키보드가 조금 먹통이다. 평소보다 새끼손가락에 힘을 더 많이 준 채로 눌러야 한다. 정말 귀찮군, 지금까지는 뻑뻑해진 키보드가 빚어낸 실수를 일일이 고쳤는데 지금ㅁ부터는 그러지 말아야겠다고 생각한다. 왜? 너무 사소한 일이다. 틀려도 상관없다. 오타 하나 없이 매끈한 글에서도 빚어지는 게…… 그런 거다. 많다. 너무 ㅏㄴㅎ고 다 그런 식이다, 다 내가 한다는 식, 내가 읽었다는 식, 내가 안다는 식. 다들 ㅟ 이렇게 아는 게 많은지. 나는 책을 사방으로 쌓아두고 기도하듯 지낸다. 이 책들이 막아줄 것이다. 이 장치는 두텁다. 내가 쌓아올린 장치-책 그것이 나를 지켜줄 것이다. ㅜ엇으로부터.

무엇으로부터?

우리의 두려움은 똑똑하다. 아는 것도 ㅏㄴㅎ다. 우리가 ㅜ엇을 두려워하는지 정확히 안다는 지점에서. 그 자체가 공포이자 불안이라는 저에서. 우리를 경직시킨다는 저에서. 하지ㅏㄴ 저ㅏ다 증상이 다른 이유에 대해서는 잘 해ㅕㅇ하지 ㅗㅅ한다. 그것이 두려움의 한계이다. 두려움이 정말 잘났다ㅕㄴ 우리가 이렇게 제각각일 이유가 없다. 우리 저알 너무 다르지 그치. 난 우리가 이렇게나 다른 줄 몰랐어 알 방법이 없었어. 사실 지금도 정확히 모르지만 가늠이 안 된다는 점에서 그게 더 무서워. 그리고 그게 더 나쁘고. 그렇지 않아?

어디로든 보내주겠다는 얼굴을 하고선 물어봤지, 갈 수 있다ㅕㄴ 어디로 갈래. 나, 나 나는, 최, 최대한 먼 곳, 먼 곳으로…… ㅓㄹ리 가고 싶어. 어디로 가든 따라가겠다는 눈빛을 숨기는 데 성공했다고 생각하고선 물어봤지, 나도 가자. 없는 듯 살게. 오, 오래 걸리겠구나, 내, 내가, 나만 떠, 떠나, 날 수 있을 때까지는, 정, 저알 오오, 오래 걸리겠구나, 웃었다.

맥없이 본다. 읽고, 가ㄲ 쓰면서, 하지ㅏㄴ 유효하단 느낌은 없고. 맥없이 본다. 내가 저 사람을 안다고 착각하게 될까 봐 봤던 것을 또 보고 보고 또 보고 또 보고 보고 또 본다. 나는 저 사람을 ㅗ른다. 내 눈에 보이는 모든 사람. 저들도 역시 매분 매초 누군가를 보고 있을 것이며 하지만 그렇다고 해서 우리가 서로를 응시하고 있다는 의미는 아니다. 우리는 본다. 시선이 교차한다. 지나간다. 흐른다. 나를 모른다고 생각해야지. 나를 모른다고 생각해야지. 나를 모른다고 생각해야지. 너는 나를 모른다고 생각해야지. 얼마나 진실된지 모른다. 얼마나 감추고 있는지도 모른다. 몰랐네, 나는 이걸 몰랐네. 하지만 고민한다. 얼마나 드러내지 않을지. 고민하다가 잘 모르겠어서 덮어두는 식이다. 언제나. 그렇게 시간이 흘러간다. 지나간다. 맥없이 맥락 없이. 나를 보지 않고서.

일기라는 거 뭘까? 왜 어떤 이의 일기는 다른 이의 일기보다 더 중요하게, 더 심각하게 읽히는 걸까? 그 선별의 기준은 뭘까? 그리고 왜 다 죽었을까?

죽은 사람의 일기 ≠ (아직) 살아 있는 사람의 일기

나는 다르다고 생각한다. 너는? 죽은 것과 살아 있는 것의 차이가 뭘까? 정말 다를까 정말 같을까? 사실 둘 다 중요한 건 아니지만.
나는 살아 있는 사람의 일기는 조금…… 징그럽다. 왜냐하면 그가 살아 있기 때문이다. 살아 있으니 그의 일기를 읽는 것보다 그가 어떻게 살아가는지를 보는 게 더 쉬울 테다. 게다가 글을 쓴다는 건 가식적인 일이기도 해서 대부분의 일기인들이 일기에 모든 것을 다 적지 않는다. 그러다 보면 실상의 사람과 일기 안의 사람의 차이가 더욱 심해질 텐데, 그 이격을, 자꾸만 벌어지는 이격을 계속해 확인하면서 다시 깨닫게 되겠지 쟤는 살아 있었던 거야, 안 죽었다고. 그래서 나는 산 사람들은 산 채로 보고 싶고 읽고 싶고 그렇다. 내가 아무리 잘 읽어도 그는 그가 아닐 테고, 난삽하게 읽으면 그런대로 그건 그일 수도 있다. 내 생각이 바뀔까, 제발 바뀌어서 나도 내 일기를 책으로 만들어내고 뭣으로도 만들어내서 돈 벌어 살 수 있을까, 계속 쓸 수 있을까. 정말 그만해야지 생각하는 순간에도, 그러니까 이렇게 생각하게 된 순간에 대해서도 쓸 때, 일기를 쓸 때, 나는 속으로 생각하지, 쓰는 일이 너무 좋다고 재밌다고 그래서 지금 슬프다고. 하지만 그런 말은 절대 일기에 적지 않는다.

    버지니아 울프의 일기를 읽고 있다. 수년 전에 사둔 책이지만 읽기 싫었다. 나는 사람들이 읽었을 것이라고 예측하는 대부분의 책을 안 읽었다. 잠에 들기 전 몇 페이지씩 얌체처럼 읽다가 스르륵 하고 눕는다. 버지니아 웃기다. 누가 구리고 누가 못 쓰고 누가 별로고 하는 거 다 적어놨네. 그러면서도 저 평론가가 한 말 이 출판사가 한 말 다 맘에 담아뒀네, 그것도 다 적어두었네. 나는 그런 걸 읽을 때마다 키득키득한다. 바보…… 너도 똑같이 살았었구나, 그래서, 그렇다면……. 궁금한 게 생겨서 책을 잠깐 덮으면 그때 생각이 난다. 얘 죽었지. 다 죽었었지.

    버지니아가 (일기에서) 말하길, 누군가가 보는 것을 염두에 둔 일기와 그렇지 않은 일기가 별반 차이가 없다 한다. 동의.

버지니아가 (일기에서) 말하길, 누군가의 가장 위대하고 아름다운 순간은 일기 오로지 일기에서만 발현된다 한다. 동의. 버지니아가 (일기에서) 말하길, 오십 세의 그가 지금 삼십대 중반의 일기를 읽다가 웃겨죽겠어서 배를 잡고 뒹굴기도 할 것이고 대충 감 떨어진 중년의 버지니아에게 기똥찬 글감을 줄 것이라고 한다. 그러니 오십 세의 버지니아더러 눈 크게 뜨고 일기를 다시 읽으라 한다. 동의, 하지만…….

육십 세의 버지니아는 왜 호명해주지 않았어? 왜?[※]

[※] 버지니아 울프는 1941년 오십구 세에 강으로 투신자살하였다.

나는

가고 싶다.

고 싶다.

필요한 감정이 아니라는 것을 알지만, 내게는 오래되고 낡은 부채감이 있다. 수치심에 가깝다. 그것은 자주 나를 찾아온다.

내가 말을 하지 않을 때.
그러니까, 나 혼자 말하고 있지 않다고 느낄 때
나 홀로 어떤 대열의 맨 뒤로 가 있다는 사실이
나를 부끄럽게 한다.
정치에 대해 말할 수 없다. 젠더와 페미니즘에 대해서도. 교육권과 인권에 대해서도 환경과 윤리에 대해서도 그리고 전쟁에 대해서도. 그 이상의, 나를 압도하는 무언가에 대해 말하는 것이 불가능하게 느껴진다. 그것을 다 빼고 남는 것은 결국 나, 내 이야기, 사소하고 쓸모없으며 읽히거나 들어줄 필요가 없는, 세상을 이루는 것이 아니라 언제나 다음으로 미뤄도 괜찮으며 사실은 영원히 밀려나도 괜찮은 그런 이야기들. 그런 이야기는 무언가를 대표하거나 대변하지도 않고 기껏해야 나를 향한 몇 마디 오해 정도 불러오겠지.
　나는 이 공포감을 오랫동안 수치스러워하며 살았다. 사방에서 솟아나는 용기와 목소리, 그리고 더 많은 사람을 필요로 하는 곳이 늘어날 때마다, 그런 곳으로 망설임 없이 달려 나가는 친구들과 동료들과 여자들을 볼 때마다 나는 조금씩 더 무서워져서 자꾸만 안으로 숨었다.
　나는 잘할 수 없다. 옳고 그름에 대해 내 주장에 대해

내 신념에 대해 단단한 자세와 스스럼없는 말투로 말을 할 수가 없다. 복잡하다. 너무 복잡한 일들이고 그런 복잡함은 거의 매번 나를 압도한다. 결과는 세상을 지배하지만 원인은 미묘하고 때때로 보이지 않는다. 너무 많은 이해관계가 있고 내가 모르는 그늘에 대해서 함부로 말할 수 없다. 나는 실수할 것이다. 그 실수를 직면할 수는 있겠지만 그것이 나의 전부로 환원되는 순간에는 정신을 놓아버릴 것이다. 침묵은 회피와 외면을 위한 구실이 될 것이고 그로 인해 비난받는다면 나는 더욱 입을 다물게 될 것이다. 왜냐하면 거기엔 일말의 사실이 함유되어 있다는 것을 나도 알기 때문이다. 부끄러워할 것이다. 맨 뒷자리. 거의 모든 것의 최후선. 광장과 무대에 올라간 사람들을 나는 스크린 너머로 본다. 무언가를 했어야만 했는데 하지 못한 사람의 허망한 얼굴이 겹쳐 보인다. 매번 놓치고 늦었으며 통탄해하는 무능하고 무력한 사람의 얼굴.

2014년 4월 16일 나는 대학에 입학한 새내기였고 기숙사 복도를 걷는 중이었다. 내 친구들이 제주도로 가는 배에서 죽었다.

2022년 10월 28일 나는 파주에서 강연을 했고 택시를 타고 집에 돌아왔다. 몇 시간 후 이태원에서 사람들이 실시간으로 쓰러지는 것을 보았다.

2024년 12월 3일 나는 타지에서 오후를 보내는 중이었다. 같은 시각 한국에서 비상계엄이 선포되었다. 내 친구들은 국회로 달려 나갔다.

2024년 12월 14일 나는 타지에서 아침을 보내는 중이었다. 탄핵소추안이 국회본회의를 통과했다. 내 친구들과 동료들은 국회로 달려 나갔다.

2024년 12월 22일 나는 타지에서 SNS를 통해 소식을 접하고 있었다. 남태령이라는 지명을 처음 듣게 된다. 내 또래의 여자들과 수십 대의 트랙터가 함께 정지해 있다. 내 주민등록상 주소지 관할의 경찰서에 시민들의 민원이 폭주한다.

2025년 1월 4일 나는 타지의 광장에서 걷고 있었다. 이곳에서 살고 있는 한국인들이 모여 구호를 외치고 있다. 내 친구들과 동료들 그리고 그들의 친구들과 동료들이 한남동으로 달려 나갔다. 밤새 눈이 왔다.


엉긴 실처럼 느슨한 내 기억 사이. 내가 놓친 것들에 대해 생각한다. 트럭에 쌓여 있던 시체들과 새해를 맞는 환희에 젖어 기뻐하는 얼굴들. 마스크로 마음을 가리고 차가운 아스팔트 위에 앉아 있는 사람들과 얼굴을 내밀고 비행기 창밖을 내다보는 사람들. 걷는 나와 멈춰 앉아서 무언가를 들고 외치는 사람들. 그 어떤 것에 대해서도 쓰지 않으려는 나와 칼럼을

기고하고 시위에 나가고 SNS에 글을 쓰는 동료들. 이 모든 것은 언제나 항상 동시에 일어나고 함께 존재한다. 공존의 비참함이 나를 더욱 부끄럽게 한다. 나는 겨우겨우 이런 것을 하려고 사람들에게 빚을 지고 걱정을 사며 매일매일 숨어 지내는데 겨우 나는 겨우 내가 겨우 이런 것을 하려고 겨우 어째서 겨우겨우 잘하지도 못하면서.

내가 나를 너무 필요 이상으로 생각하고 있다. 마치 내가 중요한 일을 할 수도 있을 것처럼. 그것은 사실이기도 하고 사실이 아니기도 할 것이다. 하지만 많은 사람이 사실의 여부와 상관없이 움직이고 말한다. 쓰러지고 다시 일어난다. 나는 나는 우두커니 서서, 혹은 누워 있는 채로, 영영 일어날 수 없을 것만 같은 기분으로 계속해 떠난다. 모르고 싶다 듣고 싶지 않다 말하고 싶지 않다, 하지만 모르지 않으려고 듣고 더 많이 말하려고 하는 나의 젊고 슬픈 동료들 그리고 여자들을 보면서 생각한다. 그럴 때 나는 구체적으로 수치스럽다. 부끄러움에 어떤 것도 말할 수 없게 된다.

뭔가가 있다고 말하고 싶다. 뭔가가 반드시 있고 반드시 올 것이라고 단언하고 싶다. 입술이 파르르 떨린다. 왜? 거짓말이라서? 아니 무엇이 있고 그것이 올 것이라는 건 거짓이 아니다. 하지만 왜? 지지 말자 지치지 말자, 말하려니 어금니가 떨리는 것을 느낀다. 나는 그런 말을 할 수가 없다. 내가 느끼는 것을 말할 수 없다.

　내가 쓰지 않은 글과 출처를 모르는 속보를 끝없이 공유하고, 친구 동료들의 SNS에 좋아요를 누르고, 24시간 내내 중계되는 뉴스를 틀어놓고, 하지만 동시에 이 모든 것을 하지 않으면서 나는 책도 읽지 않고, 밖엘 나가지도 않으며 누군가를 만나 밥을 먹지도 않는다. 하지만 어떤 날에는 책을 읽거나 커피를 마시고 무작정 길을 걷는다. 여기서 나는 어느 길로 가도 틀린 방향이다. 집도 목적지도 없으니까, 가는 방향이 모두 틀린 채로 옳다. 나는 그런 결정적인 오류를 느끼면서 계속 걸었다. 많은 사람이 다른 사람들과 함께 있었다. 나는 혼자 있고 싶었다.

　방향을 잃으면 시간이 걸린다. 사람을 잃으면 마음이 걸린다. 하지만 해야 할 말을 잃으면 나는 무엇을 걸어야 할지 아직도 잘 모르겠다. 그리고 이것은 나를 아주 오래 슬프게 한다.

　어떻게 살아야 하는 건지 모르겠다.
　쓰면서 내내 한 생각이다.
　짜증이 날 정도로 모르겠다.

모르겠다 모르겠어 정말 진짜로 모르겠어 알려줘도
모르겠어 따라 해봐도 모르겠어 내 맘대로 하면 더 모르겠어
아무도 알려준 적 없어서 모르겠어 모르는 채로 태어나서
모르겠어 알지만 어떻게 아는지도 몰라서 모르겠어 몰라서
너는 내 등 나는 니 등 쳐먹고 그랬던 건지도 모르겠어
미안하다고 하면 되는 줄도 몰랐어 미안하다고 하면 다 될
것만 같았는데 아닌 적도 많아서 그래서 몰랐어 알고 있는
단어들이 너무 많아서 몰랐어 그중에서 어느 걸 골라서
말해야 할지 몰랐어 몰라서 벌어진 일들이 많은 걸 몰랐어
돌이키고 싶지 않다는 것 몰랐어 어차피라는 것도 몰랐어
몰랐다는 이유로 모든 걸 무마하려는 게 진짜 제일 나쁜
거라는 건 정말 모르지 않겠어 그래서 지금이 너무 싫어
도망치고 싶을 정도로 싫은 것도 모르지 않겠어

야
원하는 게 뭔데 그래서

유리창에 비친 단 하나의 얼굴 보면서 묻는다.
나는 같은 말만 할 뿐이다. 그냥 싫어 싫다고…….

것을                                   나 내기
.할 수 없 .


내가 쓰              를 모르는 속보를 끝없이
      고,         SNS에 좋아요를 누르고, 24시
      뉴     를    놓고, 하지만 동 에 이 모든 것으
  면  나는      지 않고, 밖에 나가지도 
  ㅂ  먹지도   . 하지만 어떤 날에
     로   고   사정   을 깆는다 
가도   방향    시도 녹속                방향이 모두
틀     옳다.                  적인 오류를 느끼면서 계속
       는                   있었다. 나는 혼자
            그


           으면                        음 
           . .   야              으면
    갇  느 ㅆ   그러고 이것은


어능  이야   하는 건지 모르겠
쓰면서 내내 한 생각이나
짜증이 날 정도로 모르겠다.

모르겠다 모르겠어          도르겠어        적도
모르겠어 따라                  대로          모르겠어
아무도 안              는            어니
모르겠어              라서          라서
너'                    건

         는       어
      년 적도  어서 그래   를었
      가서 몰랐어  중에서 어느 것
         몰라서 벌어진 일들이          었어
몰이키고 싶지   나는 것 몰랐것 서차피   시도 몰랐어
몰랐다는 아무도 모든 걸  마아리는 게 진짜 제일 나빠
거라는 건 정말 모르지 않겠어 그래  지금이 너무
도망치고 싶은 적도로 싫은 것도 모르지 않겠어


아
원하는 게  건데 그래서


유리창에 비친    하나의  글굴 보면서 묻는다.
나는 같은 말만 할 뿐이다. 그냥 싫어 싫다고 …

나는 고모를 품에 안았다. 고모는 너무 작았다. 고모가 안아주곤 했던 때의 나보다도 훨씬 작고 가늘었다. 고모는 엉엉 울었다. 고모만 소리 내어 울고 있었다. 나는 고모의 등을 두 팔로 감싸고 고모의 머리가 내 어깨에 누이도록 자세를 고치고 토닥토닥, 심장이 뛰는 것처럼 고모의 등을 툭툭 가볍게 내리치며 쓰다듬었다. 아래로, 슬픔이 쏠려 내려가도록.

인부들이 작업을 마치고 떠나자 고모는 차츰 울음소리를 내지 않기 시작했다. 호수인지 저수지인지 모를 건너편의 물 풍경을 보면서 고모는 내게 속삭였다. 그건 마치 부탁이나 당부 같았다.

"… … … … … … ."

응, 고모. 그렇게. 그렇게요.

※ ※ ※

*we don't start up this piece*
*it's already started*
이 곡은 시작할 수 없어요

이미 시작되었거든요<sup>※</sup>

※ ※ ※

나는 거의 항상 울지 않았다.
외할아버지가 돌아가신 건 내가 열세 살 때. 내가 경험한 가장 이른, 그리고 가까운 죽음이었다. 장례식이 모두 끝나고 나서 집으로 돌아온 뒤, 나는 아직 쓰지 않은 새 노트를 집어서 외할아버지한테 편지를 쓰기 시작했다. 매일매일. 고작 몇 주 정도였지만 나는 그것을 반드시 해야만 한다고 생각했었다. 왜? 도대체 왜 그랬을까? 그와의 유대감 때문에? 슬픔을 주체할 수가 없어서? 아니면 죽음을 거절하려고? 정말 모르겠다 내가 왜 그랬었는지. 처음 마주한 죽음, 그것 뒤에는 매일 밤마다 아무도 모르게 죽은 외할아버지에게 오늘은 어땠는지 거기는 어떤지 하는 이야기를 끄적이게 되는 어린아이가 있을 뿐이었다. 그리고 그 어린아이는 내심, 자기가 쓴 편지를 엄마에게 들키기를 바라기도 했다. 그리하여 그가 당신 아버지를 더 잘 보내주기를 바라기도 했다. 잘 보내준다는

※ 피아니스트 조성진이 쇼팽의 발라드 4번의 도입부를 설명하며 한 말. "[유니클래스] 피아니스트 조성진, 쇼팽 발라드 4번을 말하다"(2019. 3. 19.), 유튜브 채널 〈유니버설뮤직 클래식〉(https://www.youtube.com/watch?v=Nw8vxJjHSrQ&t=334s).

것이 무엇인지도 몰랐으면서. 엄마의 아빠가 죽어서 슬픈 것보다 엄마가 아빠를 잃어버려서 슬퍼하는 일이 내게는 더 큰 공포였다. 엄마가 울면 나는 더 많이 울게 되었다. 슬퍼하는 엄마를 보는 일보다 더 슬픈 일은 없었다. 엄마가 울지 않으면 외할아버지가 죽은 것도 괜찮은 일이 되었다. 엄마 절대 울면 안 돼……. 우리 엄마는 정말 잘 울지 않는 여자였고 그런 여자에게서 태어난 건 매일같이 무언가를 버거워하는 작고 어린, 이유를 모르는 울보.

※ ※ ※

전화를 받고 온 친구의 안색이 빠르게 추락한다.
왜 그래? 무슨 일이야?
친구가 죽었대. MT 갔다가 오는 길에, 고속도로에서 생수 회사 화물차에 깔려서……
내 몸이
나는 이미 울고 있었다.

※ ※ ※

죽음은 생각보다 일상에 가까운 것이었다. 가깝고 먼 사람들이 하나둘 죽기 시작했다. 아파서 혹은 우연히, 사고로 혹은 범죄로. 일을 하다가 혹은 일을 하지 않다가.

슬픔은 떼어낼 수 없는 것. 아니, 떼어내서는 안 되는 것처럼 느껴졌다.

어떤 슬픔 앞에서는 완전히 무감각해진다. 가슴이 찢어질 듯한 통각도 없고, 서 있지 못할 만큼 다리가 떨리지도 않는다. 미세한 충격, 무언가가 휩쓸고 간 자리에는 태초의 모습이 있듯이. 세상의 좋은 일과 나쁜 일들이 번갈아 오지도 않고, 반드시 반드시 동시에 일어난다는 사실이 이해되지 않았다. 나는 살아남으려고 노력한 적도 없으면서 내내 살아 있게 되었다. 죽고 싶다는 말을 입에 달고 살면서, 나를 대신한 삶이 있을지도 모른다는 생각이 들 때마다 나는 더더욱 살아서는 안 될 것만 같은 수치심에 눈을 감게 되었다. ……*왜 내가 아니야?*

※ ※ ※

좋은 것은 이르게 사라진다.
혹은 빠르게. 예상치 못한 때에.

그러면
남겨진 더 좋은 것들이
모이면

※ ※ ※

큰집에까지도 불길이 닿았다고 한다. 그래도 우리 집은 삼촌이 살고 있어서 금방 불을 껐댄다. 그러나 삼촌 얼마나 무서웠을까? 잠자는 방 창문이 깨졌다. 열기 때문에. 외벽이 새카맣다. 아빠랑 차를 타고 옆 옆 마을까지 보고 왔다. 설명할 수 없는 처참함이 우리 사이를 갈라놓지 못하고 내내 배회했다. 여기는 아빠가 나고 자란 곳이다. 아빠는 자신의 애향심을 나에게도 심으려고 백방으로 노력했지만 실패했다. 아빠는 자신의 본령이 이곳에 있다고 믿었다. 사방으로 보이는 거의 모든 것이 타버리고 실루엣만 남거나 혹은 그조차도 남지 않았다. 할머니 할아버지 무덤도 새카맣게 그을렸다. 아빠의 아빠와 엄마가 불길에서 얼마나 무서웠을까. 그걸 보는 아빠 너무 슬프다. 슬퍼 보인다. 반드시 슬플 것이다. 그러나 아빠는 절대 울지 않는 사람, 울보인 나를 매번 보채던 사람.

아빠 슬퍼?
아니.

※ ※ ※

내게 자격이 있을까? 슬픔에 대해, 애도에 대해, 내가 말할 수 있을까? 아직도 모른다. 슬픔으로 가는 길을 찾지 못하겠다. 언제나 길 위에 있었기 때문에, 길 한가운데서 방향을 잃은 채로 늘 서성이고 있었기 때문에, 모든 건 이미 시작되어 있는 상태였다. 목적도 없고 도착지는 더더욱 없는. 지겨워질 수도 잊힐 수도 없는 울음의 길. 그 막다른 너른 길 위에서.

여기서 광장으로 가려면 어느 쪽으로 가야 하죠?
길 잃은 슬픔에 떨고 있는 사람들이 내게 물었다. 그들은 하나같이 울고 있었다.
노랫소리를 따라가세요.
뒤를 돌면 아무도 없었다.

※ ※ ※

영원히 쓸 수 없을 것 같아, 모르는 채로 끝나버릴 것 같아,
정말 할 수 없을 것 같아, 하지만 전부 다 잊지 못하고 절벽
앞에서도 기억이 날 것 같아

왜 난 할 수 없어?
온갖 하찮은 일에는 다 걸려 넘어지면서
때마다 엉엉 그러면서

※ ※ ※

나는 그리하여 더 좋은 곳으로 갈 수 있었어. 너는 그때
네가 가지고 있던 모든 걸 내려놓고 대신 나를 옮겨 심는 쪽을
택했지. 내가 말을 할 수 있었다면 말했을 것 같아. 울었을지도
모르지. 이유를 물을 수도 있겠지만 그런 건 중요하지 않지,
그치? 물었다 해도 너는 '그냥…… 너무 슬프잖아' 하면서
눈물을 뚝뚝 흘렸겠지. 그리고 그것이 나를 적셨겠지. 모두
아름다운 일이었겠지만 나는 네가 울지 않았으면 했어.
그리하여 금세 나를 잊기를 바랐어. 속상함 같은 건 내가
가져가고 싶었어. 오래 같이 묻혔으면 좋겠다고 생각했어.
 죽은 나를 그냥 지나치지 못한 게, 나를 잘 보내주려던 게

이유였을까? 도처에 널려 있었을 텐데, 왜 나를 만졌을까? 네가 온단 소식을 들었을 때 이런 생각을 멈출 수가 없었어. 네가 와야만 했던 이유를 내게서 찾기 시작했어. 있을 것도 같았지만 보이진 않았어. 다만 때 이르게 내가 있는 쪽으로 오는 너를 기다리고도 있었어. 무사히 잘 오기를, 마중을 나간다는 마음으로.

 사실 너 외로웠던 거지. 나를 묻어주었던 것도, 사실 나에게서 너를 보았기 때문이지. 하필 내가 그때 거기 누워 있어서, 하필 네가 너여서, 너와 내가 또 너와 나여서…….

 그래도 나 역시 너를 기다리고 있었어. 우리 모두는 사실 너희 모두를 기다리고 있었어.

 보고 싶어 했어.

 그리워하고 있어.

※ ※ ※

 거의 답답한 심정으로 사전을 뒤적인다. 이응…… 아…… 이…… 디귿…… 오…… …….

 '슬프다'는 뜻을 담당하는 한자 애哀의 마지막 의미는

"사랑하다, 애지중지하다"이다. 이 하나로도 모자랐는지 '슬프다'는 뜻의 한자 도悼에는 "떨다, 두려워하다"라는 뜻도 있다.

금지옥엽 내 새끼. 너를 너무 아껴서 나는 벌써 슬프다. 네가 분명히 내 앞에 있는데도, 사실의 일부로 살아 있는데도, 혹여나 하는 마음을 내내 점쳐보고 훔쳐보느라, 떨고 있다 나는. 우리는 슬픈 사람들이야. 너도 두려워하고 있잖아. 나도, 나는, 너무 좋아서 어찌 대할 줄도 모르겠는 이 사랑이, 사실 너무 무서워. 나는 사랑 그것 자체를 두려워하는 건지도 몰라. 너는 정말 귀한 아이—아름다움은 그 자체로 이별이기도 하다는 걸 알려주었지.

슬픔은 떨며 사랑하고 두려워하며 애지중지하는 것.
그리하여 나의 애도는 언제고 이미 시작된 상태. 시작되고 시작 중인 것. 시작할 수 없는 것.

언제나 애도였던 장소
이미 애도였던

이것은 우리 안에 있다. 언제고 있었다.

'사랑하다,                    도 고지
'슬프다'는 뜻의                두  하다
있다.


    지옥업 내 새끼. 너를 너무    서    를
    분명히 내 앞에 있는데도, 사    ㄹ부   살아
        마음을 내내 짐작    도져보는   밀고
            사람들이야   도   워    있
나는              줄도     는     이,
너무 무서      사랑 ㄱㄱ      려워하    지도 몰라.
너는 정말 귀한               제로      기도
하다는 걸 알려


  슬                    애기 즈
        기도    이미
        살 수 없


            소
다미 깨그었


이것은 우리 안에 있다. 언제고 있었나

몸에 묶인

그런데 왜 모든 동물은 울면서 태어날까?

　완전히 숙면을 취하는 동물은 지구를 통틀어 인간밖에 없다고 한다. 집에 와 너무 피곤한 나머지 옷을
　훌훌 벗고 간이침대에 누워 있었다. 나의 고양이는 요즘 나를 정말 졸졸 따라다닌다. 기다린다. 쉬고 있는 나에게 와서 자기도 쉰다. 내 몸의 굴곡에 맞게 여러 번 자세를 고쳐보고 완전히 잠에 들지는 못하고 눈을
　반쯤 떴다가 감았다가 숨을 가쁘게 쉬다가 편안히 내지르다가 얼굴의 근육이 떨리다가 떨리지 않다가 발을 동동 구르다가 구르지 않다가 나는 그 모습을 보면서 숙면에 취하지 못하는 이 고양이를 어떻게 하면 더 잘 잘 수 있게 할지 내내 고민했다. 나는 누워만 있었지 계속 신경이 곤두서 있었다. 숨을 쉬는데 배에서 구슬 굴러가는 소리가 들렸다. 도로롱 도로로롱. 고양이가 좋은 숨을 쉴 때마다 내는 소리 같았다. 고양이는 점점 더 잘 자게 되었다. 나는 그것을 계속 바라보느라 눈을 감지도 뜨지도 못했다. 내가 고양이이고 개가

사람인 것 같았다 잠시간은 제발 그러기를 바라기도 했다.
 자는 모습을 보는데 얕게 깊게를 반복하며 가느다리 자는 그 모습을 보는데. 문득 얘는 무슨 꿈을 꿀까 너무 궁금했다. 내 머리칼이 조금만 닿아도 귀가 팔랑거리고, 손과 발을 조금히 오므리고, 수염이 난 얼굴의 근육이 조였다 풀렸다 했다. 나는 얘가 무서운 꿈을 꾸고 있는 것 같았다. 맛있는 걸 많이 먹는 꿈, 멋진 곳에서 시원하게 달리는 꿈, 날개가 생기는 꿈, 잠자는 꿈, 안전히 자는 꿈, 포식자 없는 꿈, 그런 꿈을 꾸기를 너무 바랐지만 보고 있을수록 무언가가 얘를 쫓아오고 있구나 하는 생각이 지워지지 않았다.
 손을 대면 또 깨니까, 나는 최초의 자세를 유지하고 그렇게 한 시간을 보다가 내가 그 꿈이 무서운 꿈일 것이라는 생각을 하고 그러니 그런 꿈을 꾸지 않으면 정말 좋겠다 내가 해줄 수 있는 게 없을까라고 생각할 찰나에

아주 옅게 우는
이 고양이
옅게 옅게 두어 번 울다
갑자기 눈을 뜬 사람처럼
놀라고
한 바퀴를 빙 돌며 이리저리 현실을 더듬더니
나를 보고 계속 옅게 옅게

우는
어이구 그랬어 괜찮아 괜찮아
내가 부드러운 등을 톡톡 만져주면
더 깊게 깊게 내 안으로 들어오는
이 고양이
내 목 언저리에 머리를 완전히 누이고
숨을 몰았다가 크게 내쉬는
한 번의 이 고양이

너무 많은 묘사가 있었는데 나는 차마 적지 못하고 이렇게
그리고 사람과 오래 대화했다

지금 잠을 못 자는 게 오늘을 그냥 넘겨버리고
내일이 있으니까 내일이 올 거니까
그때 하면 된다고 생각한 게 참 틀린 것 같아서
들킨 것처럼
그렇게 나만 암전이 아닌 상태로

요 며칠 시집을 그냥 내 손으로 직접 만들고 싶은 욕구가
너무 강하게 올라온다 정말 사치스럽고 비싸고 수고로우며
아름답고 결함 있는 그런 나의…… 무엇

내 힘으로 안 되는 게 있다 분명히
해결될 수도 있고 안 될 수도 있다
안다고 생각하겠지만 나는 반드시 오늘의 많은 부분을 잊게 될 것이다 모르게 될 것이다
그러면 그땐 다시 내가 고양이 네가 사람 하는 거야
그렇게 반쯤 뜬 눈으로 나는 오늘을 생각하면서 숙면하는 너를 지켜볼 거야
명심하는 거야 꼭 그러기로 하는 거야

울게 될 일을 기쁜 마음으로 기다리고 있다.

우리를 아래로 당기는 힘이, 우리 모두를 지탱한다. 역설적인 방향으로 흐르는 이 힘의 작용 때문에 우리는 적당히 살아 있을 수 있게 된다. 너무 홀가분해 쉬이 날아가지도 못하고, 뜨겁게 끝없이 아래로 향하게 하지도 못한다. 도약도 추락도 허락하지 않는 이 힘이 우리를 땅 위에서 살게 하고 또 걷게 했다. 존재에 비례하여 적용하는 이 힘은 공평하기까지 하다. 하지만 나는 종종, 누워서 이런 생각을 한다. 내가 너무 오래 많이 누워 있는데, 혹시 나에게만 이 힘이 조금 더 작용하고 있는 것이라면? 누워서, 누워서 이런저런 생각을 하다 보면 이런저런 생각에도 엄청난 포용력이 생기고 그리하여 나는 나에게 관대해진다. 슬프고 우악스러운 방향으로. 나는 내가 오래 누워 움직일 수 없게 된 시간에 대해 그런 식으로 변명하게 되었다. 미약하나 너무나 확고한 중력이 내게 조금 더 작용하는 것이라고. 그리고 어떤 힘은 내 몸을 벗어나 있어서 누구도 넘볼 수 없게 된다고.

나와 함께 사는 짐승은 태생적으로 잠이 많다. 그와 여러 번 함께 살았지만 잠든 모습을 볼 때마다 덜컥 겁이 난다. 너무 곤히 잠들어서 다시는 깨지 않을 것처럼 매분 매초 새근새근 잔다. 잠에 들지 않았어도 잠에 든 것처럼 나를 깜빡 속일 때도 많다. 졸리지 않아도 계속 눈을 감고 있기도 하다. 나는 그런 그를 볼 때마다 슬프다. 잠이 많아 슬픈 짐승. 틈만

나면 누워 눈 감고 있으려던 나를 보고 이제는, 다그치지 않고, 제발 천장이 아닌 자기를 보고 있기만 하면 안 되냐 설득하던 엄마의 얼굴이 아직 어색하다. 나는 잠이 많아, 그냥 누워 있는 거야, 그렇게 슬픈 눈으로 나를 보지 마. 자려는 나와 깨어 있으려는 엄마가 각자의 서운함을 가지고 조금씩 멀어진다. 그런 장면들이 머릿속에서 계속 재생된다. 재생되는 동안 나는 누워 있었고 누워 있는 채로 잠자는 나의 짐승을 바라보고 있다. 엄마 나를 보고, 나는 그를 보고. 눈 감은 얼굴과 사지를 뻗은 누운 몸에 속절없이 겁먹게 되는. 언제나 한 방향으로만 작용하는 힘이 또 존재한다는 것에 속절없이 죄스럽다. 그 누구도 그 누구를 깨우거나 일으킬 수 없다.

일어설 수 없다면
계속해 일어설 수 없다면,

나는 조금씩 더 많은 행위를 침대에서 하기 시작했다. 일어설 수 없었기 때문이다. 두 발로 땅을 딛고 서 있는 일보다 등뼈를 곧게 누이고 있는 일이 훨씬 자연스럽게 느껴지기 시작했다. 내 몸의 기운도 더욱 납작이 흐르기 시작한 것 같았다. 적응해간다고 느꼈다. 서서, 혹은 앉아서 진행되었던 일들 역시 조금씩 넙데데해졌다. 방 한쪽 면을 가득 채울 만큼 높았던 책장에는 오래도록 읽지 않을 책들만 꽂아두기 시작했다. 위로만 높아지는 책의 기둥에게 무관심해졌다. 나는 책의 등이 보이도록 그것을 낮고 곧게 세워두었다. 방바닥을 가로지르는 책의 행렬이 빠르게 형성되었다. 낮은 산. 잠을 많이 자는 나의 슬픈 짐승도 한걸음에 너끈히 오를 수 있는 낮디낮은 산. 오래 누워 지낼수록 나를 둘러싼 지평선이 만들어지는 듯했다. 무언가를 먹고 바로 누워도 체하지 않았고 어떨 때에는 누운 채로 우물거리며 여러 끼니를 해결해도 괜찮았다. 침대에서 더 많은 일을 할수록, 혹은 하지 않을수록, 사실은 내가 침대에서 무엇을 할 수 있는지 아닌지 여부와는 전혀 관계없이, 침대에 있는 누군가는 계속해 슬퍼지는 것 같았다. 침대에 있는 게 내가 아닐 때에도 그랬다. 침대에 있으면서 침대를 벗어나지 않은 채로 침대를 제외한 모든 세상을 샅샅이 관음하면서 나는 나 말고도 일어설 수 없는, 그래서 누워 있는 채로 반드시 무언가를 해야만 하는 사람들을 상상하기 시작했다. 누운 채로 투쟁하고 소리치고, 엎드린 채 저항하며 납작하게 파생하는. 질책하는 시간만큼 귀를 기울이는 시간 역시 조금씩, 아주 조금씩 많아졌다. 누운 채로 기록된 모든 상태의 이야기가 나를 조금씩 불편하게 했다. 가만히 누워만 있다는 자각은 사적인 질책의 영역을 서서히 벗어나기 시작했고, 그것이 침대 모서리에 아슬히 걸쳐 있을 때마다 무언가를 쓰기 시작했다. 방금 내 안의 무언가가 침대 밖으로 나가려 했다는 사실을 적시하고 싶었던 것 같다.

그런 느낌은 시간을 가리지 않고 찾아왔지만 정신을 차려보면 대부분 밤이었고, 나는 잠이 오거나 손이 아플 때까지 오늘 있었던 '누워 있음'에 대한 거의 모든 면모를 다 적었다. 나는 거의 매일 다른 이유로 뒤척였다. 그리고 비슷한 말들을 썼다. 팔을 뻗으면 며칠 내 끼니 대신 먹은 온갖 식품의 잔해가 아닌 도톰한 일기장이 있었다. 지겹도록 누워 있는 사실이 처참하게 느껴질 때마다 무언가를 적어 내려가곤 했다. 어떤 밤엔 끊임없이 써서 혹시 이 글이 멈추는 순간 나는 벌떡 일어나 직립된 일상을 살게 되는 것 아닐까 착각하곤 했다. 하지만 손이 멈추는 순간엔 언제나 눈물이 함께였고 나는 더 깊은 침대라도 있는 것처럼 온 힘을 다해 몸을 아래로 누르듯 새롭게 뻗어 있을 뿐이었다.

● 평균 취침 시간
**12시간 4분**
2022년 5월 29일 ~ 11월 26일

하지만 일어설 수 없다면, 일어서지 않은 채로도.

어떤 순간엔 스스로 받아들이고 있다는 생각을 하게 됐다. 그런 생각을 할 때 내가 누워 있지 않기도 했다. 그러니까 침대, 그곳에 누워서 지내고 잘 지내지 않던 시간이 자꾸만 두터워져서 나는 그곳이 아닌 곳에서도, 혹은 계속해 그곳이어야만 한다면, 그곳에서라도 어떤 방법 같은 것을 터득하고 싶었다. 나는 여전히 침대에서 보내는 시간이 지극히 많았지만 무언가가 서서히 줄어들고 있었다. 도망치기 위해 눕는다는 사실을 영원히 알면서도 한편으로는 다시 돌아오려고 달아나는 게 아닐까 하는 그런 사소한 의심도 들었다. 쓰게 되는 글보다 써야 하는 글이 조금씩 쌓여 늘어갈 때마다 나는 반드시 누웠다. 잠에 들지 못해도 정신은 꼭 도망가 있는 채로 몇 시간씩 누워 있다가 일어나면, 나는 생각보다 빠르게 글을 쓸 수 있었다. 일어날 수 없을 때에도 나는 쓸 수 있었다. 온 마음을 다해. 무언가가 쓰이지 않고 있더라도 어떤 것은 반드시 내 안에서 끊이지 않고 계속되었다. 어떤 때에는 그것을 옮겨 쓰기만 하면 된다고 착각하기도 하였다.

침대의 위치를 자주 바꾼다. 어떤 시기에는 침대를 거실에 두기도 했다. 집의 가장 큰 창문 너머로 보이는 거의 모든 것을 눈으로 훑으면서, 역시 누운 채로, 그렇게 오래 지내기도 했다. 지금은 집의 가장 외로운 구석으로 옮겼다. 소용을 찾지 못해서 거의 버리다시피 한 곳이었다. 위쪽으로만 치솟던 그 높디높은 책장이 있는 곳이기도 하다. 읽고 싶은 책과 읽다가 만 책 그리고 읽어야만 하는 책을 아무렇게나 침대맡에 두지 않는다. 세로로 뻗은 책장에 둔다. 가지런히 포개어둔다. 그렇게 둬버리고 다시 눕는다. 눈을 감고 쓰기 시작한다. 농담보다 선명한 꿈들이 가지런히 포개어진다. 하얀 종이 위로, 사근한 이불 사이사이로.

　그렇지만 언제나처럼 계속해 일어날 수 없을 것 같다면
　　그런 기분이 기어코 든다면 이제는 더 이상 이길 수 없을 것 같다면

　침대 그것의 모든 피부를 벗긴다. 세탁을 하고, 다른 문양과 다른 질감의 피부로 새로이 갈아입힌다. 그러면 꼭 다시 태어나는 것만 같다. 침대 그것이 아니라 내가. 사실은 침대도 나도, 그 누구 하나 새로 나는 일이 없을 텐데도 꼭 그러하리라 하는 굳건한 믿음을 가지게 되고 무던했던 마음들이 하나둘씩 제자리로 돌아오는 기분이다. 사실 이 역시도 사실이 아니며 어쩌면 또 고약한 버릇이 단단히 자리 잡으려는 징조일 수도 있지만. 하지만 그 역시도 내게는 중요한 사실이고 나는 일어설 수 없을 때마다 이토록 작고 견고한 착각들이 필요했을 뿐이다. 이것은 패배가 아니다. 어쩌면 지속이고 전진이며, 그럼에도 차차 망가지는 기분이 드는 이유는 그곳에서 바로 새살이 돋기 때문일지도 모른다.
　다음 페이지를 넘길 차례이다.

종이 한 장 갈라 잡아 들어 올린다.

하얀 덤불이 솟구친다.

의식하지 않은 채로 손가락의 완력을 내내 유지한다.

단 한 장의 종이도 놓치지 않는다.

종이 넘어간다.

다음 페이지로 넘어온 이후이다.

손가락의 신경이 서서히 사그라지는 것을 느낀다.

종이의 파도 역시 완연히 잠들었다.

나란히 눕는다.

여분의 중력, 그것은 사실 내내 내 손안에 있었다. 그렇게 주어진 힘으로 매일 새롭고 낡은 종이를, 영원히 마르지 않을 펜을 들었다가 놓아준다. 일으키고 다시 누인다. 일어설 수 없어서 나는 그래야만 했다.

또

그렇게 한참을 있었다.

커피. 내 앞에 있는 건 오로지 한 잔에 지나지 않는, 그저 곧 사라질 사물에 불과한, 그런 것이었다. 하지만 난 한참을, 계속, 똑같은 생각을 하면서, 아무것도 하지 않고 그저 그것을 노려보고만 있었다. 나는 기다리고 있었다.

사물과 사물이 부딪치며 내는 소리. 부대낌.

서로 맞붙는 순간의 힘이 셀수록 그 소리는 더욱 커지거나 요란해진다. 더욱 날카로워지는 파동. 나는 소음을 참을 수 없었다. 아니 그것보다는, 소음을 만들어내는 순간 내가 끌어당기는 시선을 참을 수가 없었다.

"괜찮으세요?"

괜찮다. 괜찮다고. 그저 손이 떨릴 뿐이라고. 하지만 내가 여기서 손을 떨어야 할 이유, 없다. 전혀 없다. 여기는 내가 내 집보다 오래 머물고 자주 들른 곳이고, 이 커피를 내려준 사람은 내가 아는 사람이고, 주변에 사람이 그렇게 많은 것도 아니었으며, 나는 가장 편한 상태였다. 나 혼자였다. 나는 그저 여유분의 시간이 나서 맛보기로 작정한 이 커피를 그냥 들어 마시면 되는 것이었다. 하지만 손가락을 걸어 커피잔을 드는 순간 나는 바로 놓을 수밖에 없었다. 너무 시끄러웠기 때문이다. 내가 만들어낸 불필요한 진동으로 잔은 서로 부대끼면서 불안한 소리를 만들어냈다. 그런 종류의 소리는 모두의 이목을 집중시키기 마련이다. 그렇게 또 한참. 나는 커피가 어떻게 식어가는지 안다. 내뿜던 연기의 기둥은 점점 사라지고, 기름 장막이 끼고, 미처 걸러내지 못한 커피 가루는 가라앉고, 그렇게 맛의 층이 완전히 분리되면, 너무 차갑고 마실 때마다 다른 그런 커피가 된다. 내가 원한 적 없는 그런 커피가 된다. 하지만 나는 그냥 마신다. 이제는 내 손이 떨리지 않기 때문이다. 커피가 식는 건 자연스러운 일이다. 하지만 내 손이 떨리는 건…… 그런 종류의 일이 아니다.

나는 나를 다채로운 방법으로 당혹스럽게 만든다. 떨림은 그 수많은 방법 중 하나일 뿐이다. 전혀 놀라울 것 없지만 그것은 나에게만 유효한 사실이다. 떠는 나를 보며 놀라지 않은 사람, 짐승, 아무도 없다. 나는 놀라는 그들을 볼 때면 무한히 당혹스러워서 곧 사라지고 싶다고 생각한다.

어디가 불편하셔서 오셨나요?
제가…… 떨어요.
떤다고요?
네. 온몸을 떨어요. 머리도 떨리고, 다리도 떨려요. 가끔은 핏줄이 떨리는 것도 들려요. 심장이 귀 옆에 있는 것 같아요.

그래요. 언제부터 그랬습니까?

......

언제부터? 언제부터라는 말이 이상하다고 느껴본 적이 단 한 번도 없는 것처럼 그들은 말한다. 원인불명, 일시적인 증상 등 내가 들었던 몇 가지 요인들은 나를 더욱 답답하게 만들기만 했다. 나는 어떻게 하면 안 떨 수 있는지보다는, 왜 떨게 되었는지가 궁금했다. 증상은 언제나 그 근원을 알아내는 것이 곧바로 해결책이 되니까. 하지만 어느 곳에서도 나의 떨림을 명확하게 파악하지 못했다. 유전이라고 하기도 했다. 하지만 가족 중에 마구잡이로 몸이 떨리는 사람은 나 말고 없다. 이유를 알 수 없다고 했다, 그러니 좀 이러다 말 거라고 덧붙였다. 하지만 나는 시간이 갈수록 더 자주 떨고 많이 떤다.

사실 좀 떤다고 해서 해될 건 없다. 불편하지도 어렵지도 않다. 아픈 것도 아니다. 하지만 내가 떠는 걸 보는 사람들은 정말 어찌할 수가 없나 보다. 입에서 튀어나오는 말들을 전부 다 내뱉는다. 뭐가 그렇게 떨려요, 괜찮아요, 어디 안 좋은 것 아니죠, 긴장했어요, 웃겨요, 귀여워요. 나는 별별 소리를 다 듣는다. 그저 몸 하나 떤다는 이유로. 이렇게 보잘것없고 큰 해악도 불편도 초래하지 않는 이 증상만으로도 나는 자주 불편하고 종종 짜증 난다. 부끄럽다. 문제라고 생각되지 않은 문제가 수면 위로 드러난다. 나로 인해서가 아니라.

　나는 더 많은 문제에 대해 생각한다.
　그저 떨림에 그치지 않는, 내가 묘사할 수도 상상할 수도 없는 그런 움직임들, 몸짓들, 그리고 그것을 둘러싼…… 말들. 끊이지 않을 말들. 시선들. 웅성임. 그리고 외면.

　며칠 전 화장실 문 앞에서 한 움큼 쭈그려 앉아 발톱을 깎는데 들어 올린 발이 덜덜덜 떨리는 걸 봤다. 나는 그게 웃겨서 너무 웃었다. 이제 하다 하다 이럴 때까지? 웃겨, 우스워, 하면서. 나를 조롱하면서 귀여워했다. 혼자 있을 때도 떠나는 사람들의 질문에 당연하다고 답하던 내가 생각났다. 왜 떠는지도 모르면서 떠는 내가 온종일 존재한다고. 매일 울고 떨고 그러고 지낸다고. 이 글을 쓰면서도 조금씩 떨리는 손가락과 팔뚝 그리고 어깨의 근육들이 느껴진다. 어쩌면 나는 잘 쓰기 위해 떠는 것인지도 모르겠다.

　일기장을 펼치면 나도 못 알아보는 글자들로 빼곡하다. 가끔 그것을 옮겨 적어야 하는 일이 있을 때마다 조금 난감하다. 뭐라고 쓴 거야? 라고 쓴 사람이 생각한다. 행위자 스스로도 알아볼 수 없는 일들을 이렇게 많이 만들고 있다는 게 조금 말이 안 된다고 생각하면서 어떻게든 한다. 왜냐하면 그래도 그래도 겨우 알아볼 수 있는 사람이 오로지 나뿐이기 때문이다. 손이 떨릴 때도, 너무 많이 떨려서 도무지 이것이 글자인지 글자가 아닌지 분간이 안 될 때도, 쓰이는 그것을 보고 있으면서도, 나는 쓰기를 멈추지 않았었다. 그렇게 지낸 시간이 모두 여기 쌓여 있다. 쓰레기 같은 말들로 가득해도 나는 이것을 쓰레기 취급할 수 없다. 무언가를 견디며 쓴 것들이기 때문이다. 요동치는 글자를 보면 알 수 있다. 내가 얼마큼의 무게를 견디며 썼는지. 견디면서도 상관없다는 식으로 얼마나 써 내려가고 싶었는지. 글자는 많은 것을 말한다. 어렵게 쓰인 글자들은 더욱 많은 것을 말한다. 필요 이상으로.

내가 '스스로' 약점이라고 생각하는 것, 잘 울고 매번 떨리는 이 속성에 대해 말하는 건 부끄럽지 않다. 매끄럽게 완벽한 것들이 나는 더 이상하게 느껴지기 때문이다. 내가 약하다는 생각도 들지 않는다. 약해 보이기 위해서 말하는 것도 아니다. 사람들이 깨어진 부분에 대해 말하지 않는 게, 자신만의 빗금이 가진 무늬에 대해 말하지 않는 게 슬프고 더 어렵게 느껴진다. 나를 아끼는 친구들은 나서서 나의 쇠약함을 드러낼 필요가 없다고 말하지만, 그냥 울고 떠는 게 그렇게 안돼 보이는 건 아니지 않나? 나는 아무 데서나 이런 이야기를 잘한다. 내가 얼마나 잘 우는지, 얼마나 많은 부위에서 떨림을 느끼는지.

하지만 내가 말하기 전에 누군가가 알아채는 것은 마치 나의 뒤를 보는 것처럼 부끄럽다. 부끄러워서 참을 수가 없다. 나를 알아본 그 사람을 어떻게 하고 싶을 정도다. 그렇게 떨리지 않는데, 그렇게나 떨고 있군요. 그렇게 슬프지 않은데, 오히려 기쁘거나 화가 난 것에 가까운데, 그렇게나 애석해하고 있군요. 내가 말하기도 전에 들킨 내 모습은 그들의 입에서 늘 낮게 묘사된다. 나를 걱정한다.

내가 떨면 나의 모든 것을 꼭 잡아주던 사람들. 말하기 전에 온기를 전해주던 사람들. 더 크고 아름다운 힘으로 나를 무력하게 만든 사람들. 그들의 얼굴이나 이름은 기억나지 않지만 그 살결만큼은 오래 기억하게 된다. 가만히 등을 두드려주고, 자주 안아주고, 입이 아닌 눈으로 말하며, 기꺼이 기대라고 온몸을 내어주던, 흐리게 기억된 사람들. 가끔은 사람이 아니라 그런 몸짓 같은 것들이 그리워서 더 좋아서 겨우겨우 살아가고 있는 건 아닐까 싶다. 떨지 않았더라면 받지 못했을 것들이다.

그래도 내가 나를 고칠 수 있다면 이제는 좀 그만 떨고 싶다. 하찮은 순간에도 벌벌 떠는 내가 이제는 조금 지겹다.

평생에 걸쳐 느꼈어야 할 떨림을 이미 다 느낀 것 같다. 제발 떨지 않게 해주세요……. 이상한 기도를 나는 매일 한다.

모두 아는 사람들, 익숙한 장소, 몇 번 가지 않은 술자리. 짠, 하자며 다들 잔을 들어 올릴 때 나는 허공에 대고 주먹을 휘두른다. 에이, 저는 술을 안 마시잖아요. 그들을 재촉한다. 너무 잘 놀고 싶었던 순간에도 무언가를 자꾸 떨어뜨리던 내가 기억될 때마다 나는 그렇게 두 손을 내리고 사람들의 잔이 부딪치는 모습을 본다. 진동 없이 세게 맞붙는 사물들이 만들어내는 쨍그러운 소리가 참 듣기 좋다.

믿기지 않겠지만, 몇 년 전까지만 해도 외부 공간에 출입할 때는 우리의 신원을 증명해야 했단다. 암호화된 코드로 말이야. 그것을 모르는 사람에게 내보여야 입장 가능한 곳이 수두룩했어. 나는 그때 거기에 있는 그 사람을 무척 좋아했었어. 매일 있지도 않을 그 사람에게 내 신분이 요약된 코드를 보여줄 때, 나는 내 손이 떨릴 거란 걸 명백히 알고 있었어. 하지만 그것은 자연스러운 일이니까, 당연하다고 생각했어.
그리고 나는 정말 많이 떨지. 너무 떨어서 내가 쥔 것을 놓칠까 봐 한 손으로는 내 다른 손을 받쳐가면서. 하지만 지지당하는 것과 지지하는 것 모두 맹렬히 떨리고 있었지. 나는 너무 부끄러웠어. 그때는 그게 자연스러운 일이 아닌 것 같았거든. 떨리는 이유가 너무 분명한 것만 같았거든. 나는 그렇게 아슬아슬하게 나를 증명하고, 거기에 아주 오래 있었어. 그 사람이 언제 갔는지 잘 모르겠어.

노래를 부르면, 음악이 온다.
성대의 울림이 만들어내는 음의 고도.
목구멍에서 만들어지는 단 하나의 진동.

그 사람도 내게 말했을 때, 떨었을 거야. 목소리는 그런 것이니까. 떨지 않고서는 말해지지 않는 것들이 우리 모두 안에 있으니까. 나는 착각을 명백한 사실로 바꾸면서 그 순간으로부터 잘 멀어지고 있다. 잘 멀어지고 있다는 걸 알 수 있는 이유는, 그 사람을 미워해본 적 단 한 번도 없었기 때문이다. 적요한 마음. 미동도 없는 나의 얼굴. 내가 떠는 걸 의식하느라 놓친 수많은 표정을 이제는 잘 기억하고 싶다. 다시 만나고 싶다.

늦은 밤
당신의 몸, 긴 곡선을 따라 어루만질 때,
떨림이 살갗에 닿고, 그 안에 도달해,
그리고 난 조롱당하리라 예상했어. 그런데 당신은
내 손길 아래 고조되었지, 더 만져달라 간청하면서.²

늦은 밤

당신의 몸, 긴 곡선을 거루 때,

'라'의 갈깃에 닿 으 이 로 ,

하라' 했 게

래 고 민 간청하면서.

간지러운 비명

파도가 친다. 파도가 높다. 파도는 더 높을 수 있었다. 그것을 끌어당기는 힘만 없었더라면. 하지만 파도를 끌어당기지 않는다면, 아무도 파도를 붙잡지 않는다면 파도는 존재할 수 없다. 파도는 죽을 것이다. 파도는 무한히 높을 수 있지만 기꺼이 포기한다. 겨우 살려고. 살기 위해서. 파도를 없앨 수 있는 그 유일한 힘으로 파도는 살아 있다. 우리는 이것을 고통이라 부른다.

   하지만 파도는 기쁘다. 높은 곳에 있으면 왜인지 조금 어지럽기 때문이다. 무엇보다 무섭다. 이전보다는 더 낮을 수 없다는 생각에, 더 높은 물살을 보여줘야만 너의 놀라운 표정을 볼 수 있기 때문에, 그것이 파도의 기쁨이자 구멍이기 때문에, 파도는 오로지 상승하기만을 원한다. 하지만 무한한 상승은 파도를 너로부터 배제시킨다. 너를 등 돌리게 만든다. 파도는 그것이 싫다. 파도는 힘에게 청탁한다. 나를 더욱 세게 당겨줘. 낮고 잔잔하게, 그저 있을 수 있는 정도로만, 그 정도로만 당겨줘. 조금도 나를 놓아선 안 돼. 그들이 나를 보는 순간은 딱 그때뿐이야. 네가 나를 가장 약하게 잡고 있는 순간,

나를 강하게 포기한 순간, 나의 최고점, 허공이 아닌 물의 벽, 그 놀라움. 다시 그 장막이 걷히고 하늘이 보이면 너는 다시 뒤돌아 걷는다. 내 주변을 걷는다. 더 높이 솟구치지 않는 이상 파도는 너의 발길을 잡을 수 없다.

그리하여 파도는 오래된 비단이 되기로 마음먹었다. 낡고 여유로운 비단. 모든 것의 경계에서 그 선을 허무는, 하지만 침범하지 않는, 힘없이 밀착된 비단. 그것이 파도가 생각하는 진정한 파도였다. 파도는 기뻤다. 살아서 좋다고 생각했다. 바다와 바닷가의 경계를 생각하는 너를, 어디서부터 바다이고 바다가 아니게 되는지를 정말 진심으로 의아해하는 너를, 파도는 본다. 보고 있다.

파도의 마음을 생각해본다.
파도가 삼킨 것을 생각해본다.
파도가 가져가버린 것을 생각해본다.
파도가 다시 뱉어내 가져온 것을 생각해본다.

올라가는 것은 모두 내려오기 마련이다. 내려오기 위해서는 그보다 더 높은 곳에 있어야 한다. 올라가는 것과 내려가는 것은 다르지 않은 일이다. 두려워할 필요가 없다. 놀라워할 필요도.

왜 내려오는지, 왜 올라가는지, 묻지 않아도 된다. 묻지 말아야 한다.

그런데 파도는 왜 이렇게 겁에 질렸을까? 너무나 두려워서, 공포 그 자체가 공포스러워서 패색이 짙어진 것인지도 모른다. 너무 푸르고, 어딘가는 보이지 않을 만큼 깊어서 검다. 막막하게.

매일이 너무 무겁다. 눈에 밟히고 치이는 모든 게, 내가 애써 외면하고 있는 사소한 일들이, 너무 무거워서 자꾸만 가라앉게 된다. 그리고 나는 그것이 어쩔 수 없는 일이라고 느낀다. 나의 파도는 이미 지나갔기 때문이다. 남은 건 이제 내려오는 일밖에 없다. 자연스러운 일이다.

내가 건네받은 그것은, 너무 무거웠다. 나는 그것을 들고 올라갈 만큼 강하지도 않고, 강해지지 않을 것만 같다. 나는 그것을 받는 순간 내려놓고 싶었다. 맹렬히. 하지만 가만히 있는 파도를 건드린 건 누구도 아닌 나였다. 파도더러 왜 그렇게 휘몰아치듯 왔느냐고 책망할 수 없는 일이다. 계속 파도를 보든지, 뒤를 돌아 원래 있던 곳으로 돌아가든지 내가 택해야 할 일이다.

기대하지 마세요. 기다리지도 마세요.
제발요.

다리 밑에서 주워 왔다던 농담이 진짜인 줄 알았던 파도는 주변을 미리 실망시키기에 바빴다. 나는 가짜고 바보니까, 내가 지금 이렇게 높이 있는 건 순전히 법칙 때문이고 내 의지도 아닐뿐더러 내 힘으로 간 것도 아니니까, 내가 더 높이 올라갈 것이라고 기대하지 마. 바라지도 마. 나는 더욱 낮아지기만 할 거야. 어쩔 수 없는 일일 거야. 나를 그런 눈으로 바라보지 마. 나한테 말하지 마.

그렇게 잔뜩 꺼진 주변을 확인한 뒤에야 파도는 안심할 수 있었다. 다 갔지? 다 돌아갔지? 이제 아무도 없지? 서서히 내려온다. 온전히 마음 편하게 내려오지도 못할 거면서, 조금씩 하강한다. 그렇게 한참을 잔잔했다. 파도는 좀처럼 일지 않았다.
사람들은 파도의 속성을 조금씩 잊기 시작했다. 파도가 계속해서 무한히 잔잔했기 때문이다. 이제야 비로소 파도는 당신에게 태초부터 잔잔했던 것으로 다시 기입된다. 파도는 일어난 적 없다. 올라선 적 없기 때문이다. 그것이 파도의 새로운 속성이다. 너는 파도를 보는 것이 아니라 바다를, 더 큰 풍경을 보는 것이다. 파도를 보기에 너는, 너무 높은 곳만 본다.
하지만 파도는 조금 못나고 나빠서, 완전히 잊히는 것은 또 용납할 수 없었다. 가끔씩은 각인되어야 했다. 내가 원래부터 이렇지 않았다는 사실을, 나 사실은 저 높이 올라선 적도 있었다는 사실을, 너무 말하고 싶어 했다. 하지만 그 이상이었던 적 없으며 앞으로도 그럴 것이기 때문에, 망설인다. 입 다문다. 높은 곳을 보며 걷는 너를 그냥 내버려둔다. 소리 없는 시간이 쌓인다.

    파도가 휩쓸고 간 자리. 파도가 머물다 간 곳.
    파도에 빼앗긴 것들.
    파도가 죽인 것들, 죽일 뻔한 것들.

    배배 꼬인 파도는 종종 끔찍스러운 일들을 하곤 했다. 눈에 담을 수 없이 험하게 몰아치기도 하면서, 너를 실망시키기도 하고 너를 완전히 삼켜버리기도 한다. 빼앗아 간 것을 다시 돌려받기 위해 너는 계속 기다린다. 하지만 파도는 쉬이 응답하지 않는다. 새로운 파도의 속성은 오로지 잔잔히 존재하는 것이기 때문이다. 삼킨 것을 토해내기에는 파도는 힘이 없다. 빼앗은 것 돌려줄 생각 없다.
    사실은 그러고 싶은데.

    더 이상 무언가를 바라지 말아야겠다고 파도는 생각했다. 이미 있어, 내가 집어삼켰잖아, 되뇌었다. 욕심을 버리고, 찬찬히, 지금처럼, 들키지 않을 정도로만, 네가 눈 흘기지 않을 정도로만, 딱 그 정도로만.
    그치만, 그치만

나를 보고 기뻐하던 너의 얼굴이 있었는데.
너무 분명했는데.
나를 기다리고 있으면 어떡하지?
추위와 더위에 떨고 지겨워하면서도, 계절마다 온 게, 사실은 바다를 원한 게 아니라 나를 원한 거였다면?
휘몰아쳐도 좋고 나부껴도 상관없는 그냥 나, 그냥 파도 나를 원했던 거라면?

하지만 너는 이미 떠났다. 파도를 잊은 지 오래다. 생활의 비좁음은 네게 파도를 생각할 여유를 허락하지 않는다. 그렇게 영영 서로에게서 잊힌다. 파도는 맹세한다. 모든 것을 집어삼킬 정도의 일이 아니라면, 다시는, 다시는 올라가지 않겠습니다. 만약 내가 높아진다면, 그때는 끝장을 보기 위함입니다.

몽롱한 지평선. 우리를 두고 벌어지는 한 편의 농담극 같다. 어디까지가 여기고 어디부터 너머일까? 잡생각이 부쩍 늘었다. 아주 멋진 잠을 자고 난 파도가 지난밤의 꿈을 곱씹고 있다. 거기서 본 풍경이 잊히지 않는다. 얼굴들. 나를 보던 눈빛들. 읽을 게 없는데도 나를 읽어주던 손들. 진짜일 리 없다고 생각하면서 파도는 다시 눕는다. 모자랐던 모양이다. 더 깊이 내려가려고, 준비한다. 혹여 꿈에서라도 너를 다시 만나게 될 수도 있으니까, 그때 더 빼어나게 몰아칠 파도가 아니니까, 너를 실망시키기 싫으니까, 파도는 물러난다. 그가 지나간 자리에 있었던 모래알들이 반짝인다. 아름답다. 파도가 지나가면, 파도의 잔잔한 손이 그것을 쓸고 가면, 버석했던 모래는 그렇게 조금 빛나게 된다. 파도를 영영 잊으면서. 어쩐지 모르게 매끈해진 자신을 조금도 믿지 않으면서.

발자국.
모래가 내려간 자리.
모래가 닿았던 흔적.
짓이겨본다.
발자국 없어진다.
그제야, 그렇게 해서야,

헤쳐진다.

쳐진다.

내가 혼자 있는 시간이 많은 건 사실 그리 이상한 일이 아니다. 혼자 있지 않으려면 누군가와 만나야 하고, 누군가와 만나기 위해서는 약속이란 걸 해야 하는데, 약속이란 걸 하려면 말을 걸어야 하기 때문이다. 나는 말 거는 일이 너무 실례라고 생각한다. 말을 걸어야 할 만큼 어마어마한 일이 없는 이상 그 누구에게도 잘 연락하지 않는다. 좋은 일이 있어도 그렇다. 나쁜 일은 나쁘게 느껴지지 않는다. 내 안에서 미리 납작해지기 때문에 축소된 모형처럼 별일 아닌 것처럼 보인다. 그리고 내가 언제 크게 기쁘거나 행복했던 적이 있었나, 그런 것도 아니니까, 일상을 누군가에게 의탁한다는 것 자체가 조금 거북스러웠다. 누군가가 먼저 말 걸지 않으면 나는 아무것도 하지 않았다. 누군가가 먼저 인사하지 않으면 나는 못 본 척하거나 먼 길을 되돌아갔다. 그러다가 누군가가 나를 부르면 나는 그 돌아 돌아 간 길을 되밟으며 오는 식이었다. 나는 같은 길을 여러 번 걷는 것을 좋아하니까 상관없었다.

    이것을 이해해주는 친구들만이 곁에 남았다.

    나머지는 서운해하며 떠나거나 서서히 사라졌다.

    그 밖의 경우는…… 별로 기억하고 싶지 않다.

    기침을 하네, 감기 아니야?

    아니야, 그냥 기침이야.

언제부터 하셨어요, 기침?
지난주 토요일이었나, 삼사 일쯤 전부터요.
늦게 오셨네요. 목이 많이 부었습니다.
인간이 참을 수 없는 단 한 가지가 바로 기침이라는 것과, 사탕을 물고 있으면 기침이 살살 달아져 속으로 들어간다는 사실을 그새 배웠습니다. 저는 이제 기침에 대해 더 잘 알게 되었어요. 괜찮은 거 아닌가요?
죄송하지만 제가 조금 아픈 것 같아요. 행사를 조금 미룰 수 있을까요? 정말 죄송합니다.
죄송하지만 제가 조금 아픈 것 같아요. 이번 주는 쉬어도 될까요? 정말 정말 죄송합니다.

육 일 동안 나는 아무 데도 나가지 않으면서 상한 목에 좋다는 의료용 캔디를 하룻밤에도 서너 개씩 입안에서 굴려가며 아 좋다 좋다 이렇게 하니 기침을 안 하네 참 좋다 그러면서 아무런 시간에 이상하게 잠들고 너무 피곤하게 깨어났다. 이게 아픈 거구나. 나는 다 아프고 나서야 알았다.
그래도 병원에 갈 정도는 아니었다고 아직까지 믿고 있어.

나는 어려서부터 잘 참는 아이였다. 주사를 맞으러 소아과엘 가도, 상한 치아를 손보기 위해 치과엘 가도, 내 몸에 어떤 기계가 닿아도 어린 나는 참 괜찮았다. 진짜 안 아팠기 때문이다. 정확하게 말하자면 그 전부가 아플 만한 일인가, 라고 생각했을 때 너무 다 아니었기 때문이다. 오히려 내 손해라고 생각했다. 내가 주사를 맞을 때, 아야! 하고 놀라거나, 맞기도 전에 엉엉 울거나, 싫어 싫다고 온갖 생떼를 쓰면, 주사를 놓을 의사 선생님도 옆에 계신 간호사 선생님도 당황스럽지 않을까, 짜증이 날 수도 있을 거야, 그러면 안 하던 실수를 하실 수도 있어, 가령 핏줄을 잘 못 잡는다든가, 평소보다 손에 힘이 더 많이 들어간다든가, 그럼 다 내 손해야, 그땐 진짜 내가 아파야 하는 거라고, 그렇다면 지금은 안 아픈 거야, 조용히 해, 입 다물고, 아픈 척도 하지 마, 찌푸리지도 말고, 눈물이 찔끔 나려 하거든 사력을 다해 참아, 엄마 창피하게 만들지 마, 내가 지랄맞으면 욕먹는 건 엄마야, 다물고, 참고, 가만히 있어. 나는 꽤 튼튼한 아이였다.

참지 않아야겠다고 생각한 건 정말 못 참겠다는 생각이 들었을 때다. 요즘은 그런 생각이 잦게 든다. 요 며칠 친구들에게 신세를 많이 졌다. 그게 미안해서 나는 너무 못생기게 울고 있는 눈물 셀카를 마구 찍어서 보낸다. 게네를 웃기게 만들고 어서 다음 일로 넘어가고 싶었기 때문이다. 지금도 뭔가 웃겨야겠다 싶으면 그 사진을 보내고 싶어진다.

나는 엄마가 자주 보고 싶다.

엄마랑 여생을 같이 보내고 싶다는 생각을 정말 많이 한다.
엄마의 잔소리와 혼자 있음과 돌봄노동이 얼마나 고될지 생각한다.
엄마에게 더 이상 신세 지고 싶지 않다.

정말 무책임하게 도망가고 싶다. 이건 도피가 아니라 일종의 회귀본능이다. 내가 원래 있던 곳으로 가고 싶다. 그건 엄마다. 나는 엄마에게 있던 시절로 돌아가고 싶다. 내가 있어야 할 곳이라고 마땅히 느낀다.

어제는 그런 날이었다. 뭔가 단 하나도 참을 수 없는 그런 날.

"이게 다 날씨 때문이야."

정말 탓할 게 없는 날에는 이렇게 말하곤 했다. 내 몸의 컨디션도 나쁘지 않고, 정신적인 피로도 역시 썩 괜찮은 편인데다가, 신경 쓸 게 별로 없는데도 불구하고, 그러니까 꽤 괜찮은 날이어야 함에도 불구하고 여전히 하나 둘 혹은 더 많은 것을 놓치고 있는 듯 힘 빠지는 느낌이 드는 날. 그런 날에는 하다못해 날씨 탓이라도 해야 했다. 날이 지나치게 좋아도 문제였고, 기분 나쁘게 흐릿해도 그건 그거대로 문제였다. 오락가락하는 날씨는 언제나 나의 '잘 안 됨'을 설명해줄 타당한 이유이자 내가 조율 가능한 영역 밖에서 한없이 꾸물거리고 있는 악동이기도 했다.
하지만 또 높은 확률로, 그 반대이기도 했다.
몸과 마음이 정성껏 지친 날에도, 먼지 한 점 없어 저 멀리 높은 건물까지 보일 것 같은 맑은 날의 빛을 쬐다 보면 나도 모르는 힘이 생기고 있는 것 같다는 착각을 하게 된다. 그 착각으로 더 편히 누워 쉴 때도 있었고, 놋쇠처럼 무거운 몸을 이끌고 나가 매일 걷던 길을 다시 걸으면 왜인지 다른 느낌인 것 같다고 능동적으로 나를 속일 때도 있었다.

  흐린 데다 하늘에서 무언가가 떨어지기도 하는 날에는 대체로 나도 함께 떨어지지만, 그럴 수 없는 날에는 바깥의 동태를 살핀다. 지나다니는 사람이 유독 적어 보인다. 거리가 텅텅 빈 것 같다. 그러면 나는 되레 힘이 나서는, 지금 꼭 나가서, 아무도 없는 그런 공간을 막 점유한 다음에, 아주 중요한 일들을 해야지, 하고는 막 나가버리기도 한다. 헤드셋을 끼고, 우산을 들고, 마스크를 쓰고 있으면 거의 아무도, 아무것도 신경 쓰지 않아도 되어서 가끔은 종종걸음이 된다. 신이 난다.

  그러니까 날씨는, 나의 것도 아니면서, 그 누구의 것도 아니면서, 거의 매일 우리 모두를 휘두르고, 같은 모습을 하고 오는 적이 단 한 번도 없으면서, 의미를 부여하게 되고, 날마다 다른 의미를 또 부여하게 되고, 어떤 일이 벌어지거나 벌어지지 않게 만드는, 어쩌면 나보다도 힘이 센 나의 요인일지도 모른다. 날씨 덕을 보며 얼렁뚱땅 이루어진 일들과 날씨 때문에 엉켜서 결국 잘려 나간 일들을 생각해본다. 기억은 잘 안 난다.

나는 오늘 꽤 따스하다고 생각했다.

하지만 친구는 오늘따라 유난히 쌀쌀하다고 했다.

우리는 같은 날을 같이 살아내는데 같은 날씨를 전혀 다르게 느끼고 있다.

나는 그날 조금 아팠고 느렸다. 그날 친구는 빠르고 민첩했다. 기분도 좋았다고 했다.

정확한 일들은 어쩌면 날씨가 없을 때 오고 갈지도 모르겠다는 생각을 했다. 한다. 어쩌면……

비가 왔으면 어땠을까? 천둥 벼락이 칠 정도로 거센 비바람까지 함께였다면? 그 난장판을 뚫고서도 벌어질 일들은 결국 벌어졌을까? 아니면 험악한 날씨를 이길 만한 운명이란 건 결국 없었을까? 나는 이 짧은 이야기를 쓰면서, 끝에 다다르면서, 겨우 이런 생각을, 계속해 같은 생각을 하고 있었다. 어쩌면…… 어쩌면 날씨 때문이었을지도 몰라. 진짜 날씨. 날씨 말이야.

어떤 이름이 올 때가 있다. 아무런 경고도 없이.

─그 사람은 매일 혼자란 말이야. 너무 매일 그 사람만 더 혼자란 말이야.

어떤 사람은 '더' 혼자다. 참 좋은 말이네, 미아는 중얼거렸다. 더 혼자인 사람이 있다면 그에게 무언가를 면해주거나 무언가를 더 주어야 하는 게 맞는 거 아닌가 생각했다. 울면서 매달리면서 어떤 사람의 더 혼자 됨을 말하는 저 사람이 미아의 눈엔 참 올바르게 보였다. 이성적이지 않다는 이유만으로 누군가의 더 혼자 됨이 부정당하는구나, 미아는 그러나 하고 생각했다. 미아 주변에 더 혼자 있는 사람들을 떠올려본다. 없는 것 같다. 미아는 모르는 것 같다. 어쩌면 미아 자신이 더 혼자 있는 사람이라 그런지도 모른다. 아니면 미아가 바보라서, 자기밖에 모르는 멋진 멍청이라 그런지도. 하지만 언제 혼자가 아닌 적이 있었나, 이건 모두에게나 같고 아무에게나 지워지는 삶의 설정이기 때문에 미아는 혼자 있음에 대해 불만을 품거나 그 설움을 토로하지도 않았다. 자기가 뭘 모르고 있다는 생각도 않았다. 자연스러운 미아는 혼자 잘 있는 방법을 터득하게 되었고 그것은 미아를 기쁘게 했다. 혼자 잠자고 혼자 밥 먹고 혼자 기다리고 혼자 읽고 혼자 쓰고 혼자 나가고 혼자 돌아오고 혼자 출발하고 혼자 헤매고 혼자 이해하고 혼자 끝내는 것. 미아는 이런 것들을 매우 잘했다. 이 모든 일을 능숙하고 아름답게 할 수 있었다. 특히 잘 끝내는 것은 미아의 특기였다. 미아는 어제 하나의 책을 끝냈다. 그리고 기다리는 중이다. 미아 혼자서.

혼자 있는 건 불가능하다, 미아는 늘 그렇게 생각해왔다. 그건 미아뿐만이 아니다. 우리 손엔 세상만사와 인간의 면모를 다 보여주는 작은 사각형의 화면이 있다. 그 안에서 사람들은 자기 생각을 막 뿜낸다. 상찬하고 혐오하고 사랑하고 깎아내린다. 그 와글거림. 현대인은 결코 고독할 수 없다. 그 화면이 사라지더라도 창밖으로 지나다니는 이웃들, 뛰다가 걷다가를 반복하는 동물들, 낮게 나는 새, 흙 사이에 숨어 있던 작은 곤충들, 그리고 진동하는 입자 사이의 소음. 여기선 절대로 완벽하게 혼자일 수 없다. 모두가 조금씩 다른 자기만의 퇴출됨을 가지고 있을 것이다. 무엇으로부터인지도 모르지만 아무튼 무엇으로부터 끝없이 제외당하고 있다는 그 막연한 감각. 나를 뺀 소외감. 하지만 정말 더 사실을 말하자면 이것을 다 차치하고서라도 사람이란 건 절대로 혼자일 수 없다. 미아가 있으니까. 네가 있으니까. 우리. 우리는 언제나 그 자신 스스로에 갇혀 있으니까. 우리는 달아날 수 없다. 미아도 마찬가지다. 미아는 매일 거울을 오래 들여다보는 습관이 있다. 혼자서도 잘 울기 위한 연습이다. 미아와 미아가 눈을 맞추고 있으면, 그렇게 오래 잠깐 있으면, 미아의 눈가에 금방 물기가 차오른다. 미아는 딱 거기서 멈춘다. 축축해진 눈 주변을 대충 닦고 혼자 있을 채비를 한다.

미아가 가는 모든 곳에 미아가 아닌 다른 사람들이 있다.

길목, 지하철, 다시 길목, 편의점, 대형 서점, 작은 동네 서점, 커피하우스의 직원들, 다시 골목, 집, 다시 미아. 미아는 익숙한 동선의 풍경 같다. 조용하고 한결같다.

미아가 아닌 사람들을 본다. 몰래 본다. 누군가를 기다리고 있는 사람들, 방금 만나 반가운 인사를 하는 사람들, 아니면 미아가 보기도 전에 이미 함께였던 사람들. 이야기를 하거나 걷거나 웃거나 하는 작은 무리들을 본다. 미아는 그들이 어디서 와서 어떻게 만나게 되었는지 궁금하다. 작은 테이블마다, 두 쌍의 눈마다 저마다의 깊은 사연이 있어 보인다. 미아는 그것이 너무 궁금하다. 서로를 어떻게 생각하는지도. 함께 있으면 함께 있는 것 같은지도.

미아는 이런 생각을 하다가 매일 늦는다. 미아가 아닌 사람들이 언제나 미아를 기다리는 식이다. 그들도 역시 잘 기다리는 사람들이다. 조금씩 많이 늦는 미아에게 나무라는 사람 없다. 다들 미아를 걱정한다. 칭찬한다. 잘했다고 말해준다. 미아, 오늘은 나와줬어, 정말 고마워! 미아는 이게 고마워할 일인가 싶지만 좋은 말을 듣는 건 아무래도 좋으니까 그냥 멋쩍게 웃는다.

오늘도 미아 아닌 사람이 미아를 기다리고 있다. 미아와 다시 만나는 것은 2년 만이다. 그가 미아에게 말했다, 미아 너무 보고 싶었어. 나를 보고 싶어 하는 게 뭐지, 내가 보고 싶어 할 만한 건가 싶었지만 좋은 말을 듣는 건 아무래도

좋으니까 미아도 말한다. 그래 나도 미아 아닌 네가 참 보고
싶었어.

입 밖으로 쏟아져 나오는 수많은 소리들, 단어들.
뒤만 돌아도 기억 안 날 그런 말들이 빠른 속도로 오고
간다. 미아는 잘 웃는다. 미아 아닌 그 사람도 잘 웃는다.
사교적이고, 아름답고, 멋진 사랑을 하고 있다. 건실한 목표와
실천이 있는 삶에 대해 듣는다. 미아 아닌 그 사람의 삶은
미아와 너무 다르다. 왜냐하면 그는 미아가 아니니까. 듣고
있는 미아의 눈동자가 점점 비어간다. 시선이 내던져진다.
왜냐하면 미아는 지금 혼자 있고 싶기 때문이다. 모국어에
능숙한 미아는 모든 곳의 소리가 너무 잘 들린다. 듣지 않아도
될 이야기 혹은 들어서는 안 될 이야기까지도. 그런 것들이
미아의 의도와 상관없이 미아의 귀를 때려 박는다. 2년 만에
만난 미아 아닌 그 사람의 말보다 그렇게 주워듣게 되는
말들이 머릿속을 가득 채운다. 돌아오면 그것만이 기억난다.
미아는 잠시 눈을 감는다. 빠르게 한 번 더 감는다.

미아에게도 인연이란 게 있었다. 그중엔 사랑도 있었다.
하지만 잘 끝내고 나서 보면, 끝장내고 나서 다시 보면 항상
인연이 아닌 것 같았고 사랑은 더더욱 아닌 것 같았다. 미아는
사랑이 뭔지나 알까? 미아 아닌 사람이 매일 혼자 있는 미아를
보며 불쌍해한다. 사랑도 우애도 모르는 미아. 하지만 우리가

가르쳐줄 수 있는 일도 아니잖아, 우선 그냥 가자, 미아 주변의 미아 아닌 사람들이 체념하며 말한다. 미아를 지나간다.

  모국어에 능숙한 미아는 이 소리도 다 듣는다. 사랑이 뭔지 알까? 라고 말하는 미아 아닌 쟤, 우애가 뭔지 알까? 라고 말하는 미아 아닌 너. 쟤와 너의 숨소리도 다 들린다. 말이라는 피부 아래 깔린 근육의 움직임도 다 들린다. 뉘앙스, 말투 같은 거. 티는 안 나지만 결국 다 드러나게 되어 있는 본심 같은 거. 미아는 못 들은 척한다. 왜냐하면 미아는 미아 아닌 그들을 사랑하기 때문이다. 사랑했기 때문이다. 그래, 네가 아니라면 아닌 거겠지, 그렇다면 진짜 사랑 무엇일까, 미아는 생각한다. 미아 아닌 어른에게 물어도 보고, 사전을 찾아보기도 하고, 드라마나 영화 같은 있을 법한 사랑을 관음해보기도 했다. 이런 게 사랑인가? 저런 게 사랑이라더니. 미아 바깥에 있는 미아 아닌 사람들은 뭔가 조금씩 제멋대로였다. 하지만 사랑은 수월하게 진행되었다. 때가 되면 알아서 끝나기도 했다. 우애 역시 적당한 선에서 끊거나 끊기거나 하는 식이었다. 그러니까 결국 어디서든 잘리고 멈추게 되어 있는 것이다. 미아는 잘 보는 사람이기도 하니까, 오래 그런 일들을 바라보고 있으면, 어떤 결론을 쉽게 잘 내린다. 끝이 있어. 언제나 끝이 있어. 언제나 모두가 혼자인 것처럼, 사랑과 우애와 사랑도 우애도 아닌 것 모두 다 끝장을 본다고. 미아는 생각한다, 이제 사랑이 뭔지 알 것 같아. 우애라는 것도. 그건 모두 끝나게 되는 것이야. 사랑과 우애와 그 밖의 모든 미아 아닌 것은 결국 다 끝나게 되어 있는 무엇이야. 이해하는 미아의 얼굴이 조금 밝다.

미아가 잠들기 위해 누워 있다. 밤인데도 너무 밝다. 이렇게 어두울 수밖에 없는 시간에도 이토록 혼자일 수 없구나, 미아는 뭔가가 잘못됐다고 생각했다. 자고 싶어, 정말 혼자 잘 자고 싶어. 미아는 다시 한번 눈을 감는다. 그래도 새어 나오는 빛에 결국 져버린 미아는 머리 위까지 이불을 끌어 올린다. 안심하는 미아의 눈가가 점점 느슨해진다. 미아는 일어나지 않는다. 그리고 어떤 이름이 올 때가 있다. 아무런 경고도 없이.

사랑

태명이었다고 전해진다. 나는 그것을 들었을 때 태명이란 것이 정말 쓸모없는 것이구나, 나아가 "곰곰이 생각해보니, 절대적으로 아무것도 아니"(페소아)[3]라는 생각을 멈출 수 없었고 멈추지 못해서 지금도 그렇게 생각하는 큰 아이가 되었다. 이름 짓기. 그를 혹은 그것을 어떻게 부를 것인가 하는 고민은 상당히 사랑스러운 일이다. 어찌되었든 간에 최선의 것을 주려고 노력할 것이라는 전제 아래에서. 나는 이 과정이 일방적이고 폭력적인 면모만 지니고 있다고 생각하지 않는다. 내가 아는 수많은 이름들, 저마다 뜻을 품은, 마치 거울 같았던 이름들을 잊을 수 없기 때문이다. 절대적으로 아무것도 아니긴 하지만, 그(것)를 호명하는 방식이 곧바로 그(것)의 본질을 나타내거나 지시하지 않는(못한)다는 점에서, 그렇지만, 그렇지만. 너무나 중요한 일인 것이다. 서로를 어떻게 부를까 하는 것은…… 필연적으로 서로에 대한 생각을 동반시킨다. 설령 그가 "이름 붙일 수 없는 자"(베케트)[※]라고 해도.

    어딜 가든 내가 존재하고, 호명당하고, 그것을 들었을 때 아주 높은 확률로 사실은 나를 부른 것이 아닌 일이 빈번하고, 하지만 소개할 때마다 그것에 대한 인상을 듣고, 자연히 내 이름과 내 이름이 아닌 것 하지만 같은 모습을 하고

※ 사뮈엘 베케트의 장편소설 제목.

있는 것, 마치 거울상 같은 그것을, 나는 어떻게 받아들이며 살았을까? 사랑아, 시 썼어? 사랑아, 사랑했어? 결국엔 사랑이 아니게 될 운명인 태아의 나를 향해, 사랑아 사랑아 속삭였을 모부를 생각하면 조금 머리가 아프다. 어찌되었든 나는 그 둘의 조합이 될 텐데, 닮을 것인데, 좀 더…… 자기 반영적인 이름을 지었어야 하는 거 아닐까 하는 그런 조소 때문에……. 아무튼 나는 내 이름이 사랑이 되지 않았고 될 수 없었음에 감사해하고 있다. 하지만 사랑이 내 이름이었다면? 하고 물을 때. 아무 말도 할 수가 없어지고 왜인지 모르게 고개를 숙이게 되고 내가 했던 조잡하고 멍청한 사랑들이 떠오른다. 잃어버려서, 잃게 되어서 이렇게 된 것 아닐까? 사랑에 대해 보이는 일종의 거부 반응, 운명적인 결여감, 욕망하지 않음 같은 것들. 내게 배당되지 않은 것들.

하지만 이런 생각들은 너무 센티멘털하다. 원래 사랑은 잘 없고 어려운 것이다.


나는 시에서 강박적으로 쓰지 않으려고 분투하는 단어들의 리스트가 있는데:
- 나무
- 사랑
- 새

그중에서도

### 참새

새가 되어서 가장 좋을 때는 시를 읽을 때이다. 새는 시인의 3요소와도 같기 때문에 새가 등장하지 않는 시를 찾는 일이 꽤 어렵다. 나조차도 새를 가끔씩 등장시키고, 그것도 모자라 아예 주인공으로 만들어버린 적도 있으니……. 저렇게 굳게 다짐해도 안 되는 일이 참 많고 시를 쓸 때는 특히 더욱 빈번하다. 자유롭지 않아 보이는 곳에서 자유를 누리는 양 쓰다가 그렇게 어떤 규율을 배반하거나 빗겨 나갈 때, 즐겁다. 그런 시를 쓸 때 즐겁다.

새가 나오는 시를 볼 때면, 왜인지 모르게 그게 꼭 나에게 하는 말처럼, 혹은 내 안의 새에게 하는 말처럼 읽힌다. 찢어지게 슬퍼서 다시는 날 수 없을 것만 같은 시도 있고, 이런 게 삶이라면 다음 생에도 새로 태어나고 싶다고 중얼거리게 되는 시가 있다. 새가 등장하는 시를 전부 모아서 하나의 책으로 엮으면 정말 아름다울 것이다.

그런데 시인들은 왜 이렇게들 새를 좋아할까? 새에게 각별한 무엇을 느껴야 시인이 될 수 있는 건가? 잘 모르겠지만, 시인들이 계속 새를 좋아해주었으면 한다. 사실은 아니지만 나는 어쨌든 계속 새가 되어서 시를 읽을 것이고, 새가 등장하는 시를 읽을 때면 나는 조금 가벼워지는 느낌이 드니까. 괜스레 날개 뼈를 만져본다. 왼쪽 아래에는 푸른 멍이 있다. 아주 하얗고 희미해서 멍으로 보이지 않는다. 뭔가를 잃은 장소 같다. 나는 내 몸의 이 장소, 날개 뼈라고 불리는 곳 아랫춤에 위치한, 이 선형의 연못이 좋다. 폭력과 압력과는 전혀 무관한, 연유도 모르게 생겨난 희끄무레한 거기. 날개의 가장자리 같은. 만져도 아프지 않다.

그런데 사실은 이런 거 다 너무 센티멘털한 거고. 진짜 문제는 이런 거다.

나는 늙을 것이다. 아주 많이 늙을 것이다.

그때에도 내가 참새일 수 있을까? 나의 참새 됨이, 노화와 무관할까?

칠십 할머니 참새도 될까? 개저씨들 틈에서 진지한 할매 시인으로 살아남을 수 있을까?

이런 생각을 할 때마다 또 몇 가지의 다른 (새)이름을 떠올려보곤 하는데…… 참새가 나에게 가져다준 것이 너무 많다는 생각을 지울 수가 없다. 내가 나를 그렇게 부르기로 했고 불러달라고 요청했기 때문에 생긴 좋은 일들이 너무 많다. 그래도 육칠십 할머니에게 참새라는 이름은……. 부디 세상의 아량이 좀 넓어져서 모쪼록 유연해지길 바랄 뿐이다. 재차 묻거나, 질문하거나, 하는 일 없이. 놀란 얼굴 달래줄 필요 없이. 안녕하세요, 저는 박참새라고 합니다. 저는 참새로 늦게 되었어요. 젊은 여러분을 보니 참 반가워요 좋아요.

그렇게 말하며 포르르 포르르 웃고 싶다.

말콤과 미리엄

가장 최근에 쓴 시 「시작된 것」에 등장하는 이름이다. 말콤은 개고, 미리엄은 사람이다. 떠올린 순서는 미리엄이 먼저다. 등장할 '사람'을 만들어야 하는데 그에 따라 이름이 필요했던 게 아니라 이름이 먼저 떠올랐다. 미리엄에게 어떤 일이 있고 모든 게 어떤 식이고 하는 것은 전부 다 미리엄이 미리엄이기로 나와 약속한 뒤에 정해졌다. 미리엄은 이름보다 늦게 태어났고, 나이와 성별을 추측할 수 없지만, 수동적인 공격성을 가지고 있다. 말콤 역시 미리엄과 같은 방식으로, 이름이 먼저 떠올랐고 그다음에 실루엣이 빚어졌다. 말콤이 사람이 될 줄 알았으나 그렇지 않았다. 말콤은 미리엄이 키우는 개가 되었다. 말콤이라는 이름이 주는 도도함 같은 게 좋았다. 말콤이라는 개. 말콤은 노견으로 추정되고, 자기주장이 다소 약한 편이다. 그리고 미리엄을 좋아한다.

물론 이 시에 '나'도 등장한다, 달갑지 않은 사실이지만……. 처음에는 '나'를 절대 호명하지 않으면서 시를 써보겠다는 문제의식으로 시작한 시인데, 첫 줄부터 '나'가 나오는 바람에 좀 좌절했다. '나'를 지우는 방식으로 노력했어야 했지만 그건 내가 쓰는 방식과는 조금 달라서 속이

편하지 않았다. 하지만 이름을 떠올리고 매만지면서 이야기가 따라왔고 그것이 '나'와 만나는 방식이 즐거웠다. 쓰고 나면 왜인지 모르게 떳떳해지는 시가 있다. 갑옷을 두른 것처럼 몸이 튼튼해진다. 이 시가 그랬고, 이건 너무나 희박하고 희소한 느낌이다. 그래서 나는 말콤과 미리엄을 좋아하지 않을 수 없다. 시보다도 말콤과 미리엄이 더 좋다.

지수

지수를 생각하면 마음이 아프다. 아마도 정말 사랑해서 그런 것 같다. 지수를 행복하게 해줘야 한다. 지수는 나의 책임이다.

수지

수지도.

얀이

그렇게 말하며 포르르 포르르 웃고 있다.


말콤과 미리엄

 가장 최근에 쓴 시 「시 나도 것」에 등장하는 이름이다.
말콤은 개과 미리엄은      이다. 떠올린 순서는
                        들어야 하는     그에 따라 이름
                        먼저 떠올랐다   리엄에게
                        이고 하   는 전     미리
                        다       미리엄
늦게 태어났고,                    만, 수
공격성을 가지고 있             높은
이름이 먼저 떠올랐고            었다.
사람이 될 줄 알았으나 그렇지     을 미리     우는
개가 되었다. 말         이 주는    은    다.
삽측이라는                성다   주     고
            그 시 검을 좋아한다
            ' 나도 등장하나 달갑지
       ···. 처음에는 '나'를 절대       않   서
       보였다는 문제의식으로 시작한 시    세   출부
       , 나오는 바람에 좀 좌절했다 ''      식으로
       했어야 했지만 그건 내가               갈리

얀이를 떠맡다시피 돌보게 된 건 사실이었다. 하나 이상의 삶을 보조해야 한다는 생각이 나로 하여금 본능적으로 얀이를 탓하게 만들었다. 얀이는 미숙했고 나는 냉정했다. 나로 인해 얀이가 상처받을까 두려웠다. 그리하여 나빠질 수도 있기 때문에. 언제든 바뀔 수도 있다는 게 우리의 약점이므로.

얀이는 앳되었다. 그리고 정말 어렸다. 뭔가로 가득 차 있는 얀이의 피부를 볼 때마다 출처를 알 수 없는 근심이 어렸다. 얀이는 편식했다. 너무 심하게 편식을 해서 그 통통한 볼이 금방 사그라들 수도 있겠다고 생각했지만 그것은 다른 문제였다. 게다가 입도 짧아서 오래 먹지도 않았다. 얀이는 거의 모든 것에 금방 싫증을 냈다. 얀이는 나조차도 지루해했다. 나는 그 사실을 알고 있었지만 나도 얀이를 별로 좋아하지 않기 때문에 내색하지 않았다. 얀이와 나는 서로를 약간 싫어하면서도 영원히 내치지는 못하고, 티가 날 정도로만 짜증을 내면서 내내 붙어 살았다. 얀이는 나에게 버려졌기 때문이다.

얀이에게 유년 시절의 기억을 물으면 거의 기억나는 것이 없다고 말한다. 유년기란 마치 죽음처럼 모두에게 있는 것인데 얀이의 그것은 없다시피 하다. 얀이도 자신이 이미 어느 정도는 다 자란 채로 태어난 게 아닌가 싶다고 말하기도 하고, 게다가 유년기란 희미할수록 좋은 것이라고, 하루를 더 날 때마다 실감한다고 말하기도 했다. 얀이는 앳되었지만 참 늙었다. 다 산 것처럼 매 순간과 매 사건에 거의 초월한 듯 군다. 그건 냉철한 것과는 달랐다. 얀이는 옥수수를 한 알 씹을 때마다 물을 한 모금 마신다. 금방 배가 부른 얀이는 곧바로 침대나 거실의 평상으로 가 두 팔을 가슴 위로 올린 자세로 오래 누워 있는다. 그러다가 바로 잠에 들기도 하고, 또 조금 허기가 진다 싶으면 성큼성큼 걸어와 먹다 남은 옥수수를 알알이 씹어 먹는다. 앳되고 체구가 작은 얀이는 발소리가 크다. 나는 얀이가 돌아다닐 때마다 신경이 빠르게 쏠리고 잠에 든 상태여도 곧잘 깨어나거나 한다. 그러면 얀이는 나를 한번 슥 보고 제 할 일을 하러 간다. 얀이의 과거를 알고 싶다. 하지만 얀이의 과거를 기억하는 사람이 아무도 없다.

아니면 이 모든 것이 얀이의 선택이었을지도 모른다. 잘 먹지 않기로 한 것, 잘 이야기하지 않기로 한 것, 잘 웃지도 울지도 않기로 한 것, 잘 기억나지 않는 일로 하기로 한 것. 내가 처음부터 얀이를 번거롭다고 생각했듯이. 하지만 나는 그것에 대해 약간의 죄책감만 있을 뿐 가볍게 무시할 수 있는 정도였다. 언제나 내가 사는 것이 먼저였고 얀이는 그다음, 내가 살고 나서 그다음이었다. 게다가 얀이는 수고로운 일을 싫어해서 삶의 모든 일을 최소한으로 만들려는 움직임이

강했다. 배가 고프면 밥을 먹고, 졸리면 잠을 잤다. 긴 대화나 갑작스러운 경고를 하는 일 역시 드물었다. 내 근처에 얀이가 있는 시간이 길어질수록 얀이는 거의 없는 것과 다름없이 굴었다. 하지만 얀이의 걸음 소리, 걸음 소리는 너무 요란했다. 작고 어리고 다 산 얀이가 한 발 한 발 걸을 때마다 온 집 안이, 내 머리통이 무너져 내릴 것만 같은 요란함이 있었다. 이윽고 나는 말도 잘 않고 밥도 잘 안 먹는 얀이가 잘 움직이지도 않았으면 좋겠다고 생각했다. 얀이가 끌고 다니는 그 말도 안 되는 소란스러움이 정말 말도 안 된다고 생각했다. 하지만 얀이는 정말 깃털 같았기 때문에 걸을 때 발꿈치를 들어서 더욱 살살 걸어달라거나, 혹은 사지를 아예 밀착시켜서 기어다녀달라고 부탁할 수도 없는 노릇이었다. 나는 참을 수 없는 기분이 들었지만 자연히 참게 되었다.

    얀이가 일어나지 않기 시작한 건 아마 그즈음부터였던 것 같다. 작고 앳된 얀이는 하는 말이 적은 대신에 듣는 말이 많았던 것일까. 아니면 부주의한 내가 가끔 잠결에 중얼거리기라도 한 것일까. 갑자기 무언가 결심이라도 한 것처럼 얀이는 계속 누워만 있었다. 움직이지 못하는 것은 아니었다. 잘 일어나지 않기로 결정한 것이었다. 얀이는 원래 하던 일을 누워서도 잘했다. 사는 일을 최소한의 것으로 만드는 일. 내가 집을 비웠을 때에만 무언가를 먹고 마시는 것 같았다.

희미하고 사소한 흔적을 종종 발견할 수 있었다. 입술 자국이 묻어난 머그 컵, 그것만이 덩그러니, 물방울이 곳곳에 피어 있기도 했던 욕실, 살짝 젖어 있는 수건. 그마저도 잘 있는 일이 아니라서 얀이는 거의 식물처럼 햇빛만 받으며 지냈다. 단번에 풀이 된 얀이에게 나는 가끔 필요한 게 없느냐고 묻기도 했지만, 그럴 때마다 얀이는 나를 보면서 없어요 괜찮아요 반복하면서 발끝만 꼼지락거렸다. 그러면 나는 그래 알겠어 무언가가 필요하면 나를 꼭 불러 하고 대답했지만 사실 속으로는 얀이가 나를 부르지 않았으면 했다. 나 아닌 누군가를 챙기고 돌보는 일은 귀찮으니까. 각자의 인생도 이미 버겁다고 느끼니까. 게다가 다감하지도 않은 얀이 같은 애라면…….
얀이가 굶어 죽거나 말라 죽거나 할 수도 있단 생각도 하게 되었지만 그런 일이 생기지는 않았으면 하고 진심으로 바랐다. 얀이가 죽어버리면 내가 해야 할 일이 너무 많기 때문이다. 게다가 얀이를 죽인 건 내가 아닌데, 내가 무언가를 책임져야 할 수도 있다. 얀이가 혹시 유서를 쓰게 된다면 나는 그래도 최선을 다했다고 적어주기를 바랐다. 이건 허용 가능한 범주 안에서의 이기적인 생각이었고 어쩌면 뭔가를 대비하려는 성실한 상상일 수도 있다. 머리통을 뒤흔드는 소음이 현저히 줄어드니 몸이 산뜻하고 일상이 즐거워졌다. 나는 더욱 가벼운 마음으로 매일 한두 번쯤 얀이가 잘 있는지, 그러니까 아직 살아 있는지 확인했다. 얀이는 볼 때마다 자고 있거나 책을 읽고 있었다. 얀이가 무슨 책을 읽는지 궁금했지만 알아보려 하지 않았다. 얀이가 어떤 책을 읽고 있을지에 따라 어렵사리 되찾은 나의 평정심이 바스라질 것 같았기 때문이다. 조용하고 나쁘지 않아 어리고 작았던 얀이, 성가시고 불편한 게 많았던 얀이, 그래서 나풀대다가 갑자기 주저앉아 누운 얀이, 그 누구도 방해하지 않고 괴롭히지 않았던 얀이, 가볍고 너무나 시끄러웠던 얀이. 얀이의 쿵쿵거림이 착각처럼 고막에 남아 있다. 이것은 얀이의 과거일 것이다. 그리고 나는 얀이의 과거를 기억하는 사람이 되었다.

있는 듯 없는 듯한 희미한 기억이, 곧바로 과거가 되는 순간들이 조금씩 길어지자 나는 이따금 얀이가 혹시 가짜는 아닐까 생각하게 되었다. 내가 해결하지 못한 감정적인 부채감이나 부담감이 만들어낸 유령일 수도 있다. 합리적으로 의심하기 시작했다. 집 밖을 나설 때, 반쯤 열린 방문 틈새로 그 무엇도 보이지 않는 날이 종종 있었기 때문이다. 쓰기만 하고 내버려둔 식기들, 조금만 읽다 말고 제쳐둔 책들, 무한히 재생되지만 실제로 본 적 없을 것 같은 영상들, 그런 배경들만이 존재하고. 무엇보다 허름한 얀이의 실루엣, 영원히 누워 다시는 일어날 것 같지 않은 절망을 깔고 누운 얀이의 몸이 보이지 않았다. 나는 다소 이상하다는 느낌만을 감지했을 뿐, 얀이가 방에 있는지 없는지 확실히 확인하거나 이

기분을 어떤 방법으로든 해소하려 들지 않았다. 첫째로는 내 책임이 아니라고 생각했기 때문일 것이고, 다음으로는 무엇을 마주하든 단번에 엄청난 피로감에 직면하게 될 것을 알았기 때문이기도 할 것이다. 나는 어느 쪽에도 자신이 없었다. 내 책임이 아닌 일을 어느 정도 쥐고 설명해야 하는 것, 그것의 실마리를 찾는 것, 그래서 결국 이해하고 납득해야 하는 것. 얀이는 원래 있다가도 없는 애였으니 어쩌면 처음부터 없었을지도 몰라, 나도 상태가 안 좋았잖아, 나는 내가 스스로 만들어낸 뭔가를 봤던 거 아닐까? 사실 여태 얀이가 아니라 내가 만들어낸 다른 나와 동거했던 것일 수도 있다. 그리고 결정적으로는 얀이가 영원히 사라진 건 아니었다는 점이다. 그러니까 가끔, 하루이틀 정도 그렇게 방이 비어 보였을 뿐이고 같은 날 저녁에라도 얀이가 침대에 누워 있는 것을 볼 수 있었다. 그러니 크게 걱정할 일이 아니라고 생각했다. 오히려 내 정신이 나간 게 아닐까 싶은 그런 익숙한 걱정을 했다면 했다고 솔직히 고백할 순 있다. 하지만 그것도 거의, 거의 안 했다.

 영원히 있을 것 같은 몸을 한 얀이는 그렇게 가끔 사라지면서 나와 오래 함께 지냈다. 처음 얀이를 만났을 때, 얀이가 아니더라도 타인을 만났을 때 본능적으로 느끼게 되는 어떤 직감보다 훨씬 더 오래, 얀이와 함께 살았다. 그건 얀이도 몰랐을 것이다.

서서히 봄이 오는 것을 느낀다. 집의 온도가 일정치 않고 어느 날엔 너무 추웠다가 또 어느 날엔 너무 텁텁하기를 반복한다. 나 혼자 산다면 신경 쓰지 않았겠지만 혹시 모를 얀이를 위해 아직도 매일 난방을 틀고 있다. 오늘 아침엔 새 때문에 깼다. 새가 지저귀거나 해서 깬 것이 아니라, 별안간 창문에 부딪힌 것처럼 새의 몸이 부대끼는 소리 때문이었다. 나는 덜컥 놀라서 창문 쪽을 보았다. 흐린 형체가 보이긴 했지만 정확히 어떤 새였는지, 또 그 새의 상황이 어떠하였는지 보지는 못했다. 다만 새가 길을 잃고 혹은 시야를 확보하지 못해 창에 부딪힌 건 아니라는 사실만 어렴풋이 알게 되었을 뿐이다. 그 새는 그저 지나가는 길이었던 것 같다. 다만 내 방의 창문이 난 쪽으로는 어떠한 풍경도 없었기 때문에 그 새가 왜 하필이면 그곳에서 잠시 멈춰 마치 문을 두드리는 것처럼 다소 머물며 인기척을 냈는지는 잘 모르겠다. 나는 그 순간이 너무나도 기이해서 혹시 꿈을 꾸는 것인가 했다. 심장이 약하게 두근거리고 있었다.

방금 봤어요? 새 봤어?

얀이었다. 새 소리 때문에 나보다 먼저 깨어 있었던 듯했다. 아마 얀이도 놀랐던 모양이다. 그건 이 집에서 나는 종류의

소리가 아니기 때문에 약하고 예민한 얀이도 그 새의 소리를
듣고 번쩍 신경이 깬 것 같았다. 하지만 난 그때까지도 새
때문에만 놀란 마음을 가다듬느라 정신이 없었다. 얀이가 깨서,
일어나서, 소리의 종적을 찾아서, 내 방으로 와 내가 뒤척이다가
놀라 잠에서 튀어 오르는 것을 내내 보고 있다가, 내게 말을
걸었다는 사실에 놀라지 못했다. 나는 작게 호응하면서 봤다고
이야기했다. 내 모습은 여전히 부산스럽고 잠에 취해 있었으며
한참 이불 속이었다.

놀랐어요. 새가 저러기도 하나……. 꼭 마치 찾아온 것처럼.
맞아, 새가 잘 그러진 않지, 나는 속으로만 말했다.

얀이는 해가 들어오는 창밖을 바라보면서 서 있었다. 새가
왔다 간 자리. 나를 깨우고 얀이를 일어서게 만든 그곳. 그
장소에서 쏟아지는 빛의 커튼. 해를 담백하게 받고 있는 얀이의
얼굴을 보았다. 얀이는 참 앳되구나. 얀이의 얼굴이 말갰다.
얀이는 누굴까? 얀이는 어디서 왔을까? 왜 나에게서 도망치지
않고 이렇게 조용히, 얌전히, 착하고 예쁘게 머물러 있는 걸까?
창문을 두드린 그 새를 나 혼자만 본 것이 아니라 다행이라고
생각했다. 그것은 설명만으로는 공유되지 않을 장면이었기
때문이다. 내가 본 것을 얀이도 보고 있었구나, 봤구나,
그러므로 나는 얀이에게 많은 것을 생략하고도 그 이상의 것을

말할 수 있다. 새가 진짜였어, 내가 본 게 진짜였어.

더 자요. 아직 시간이 있어요.

얀이는 그렇게 말하며 방문을 반쯤 닫고 나갔다. 나가는 얀이의 뒷모습이 보인다. 흐르는 듯한 재질의 옷과 맞닿은 작고 얇은 얀이의 등, 뼈. 얀이는 정말 앳되구나, 나는 다시 스르르 누우며 생각했다. 얀이가 다시 자기 방으로 걸어가는 소리가 들렸다. 타닷- 타닷- 타닷- 타닷-……. 얀이의 몸에서 나는 소리 같았다. 장작이 타는 것처럼. 정말 발걸음 소리일까 그것이 정말 맞을까……. 나는 타듯이 다시 잠들었다.

: '다. 새가 진짜 됐어, 내가 ㄴ

너 자요. 아직 시간이 있어요.

얀이는 그렇게 말하여 방문을 반쯤 닫고 나갔다 나가는
얀의 첫노슈ㅣ 그윈가. 흐르는 듯한 재질의 옷과 갓등은 작고
ㅡ 얀이의 눈, 뼈. 얀이는 정말 앳되구나 나는 다시 스스로
우ㅓ ㅇ각 졌다. 얀이가 다시 자기 방으로 걸어가는 소리가
늘ㄹ 타닷- 타닷- 타닷- 타닷-……. 얀이의 몸에서 나는
소리 같았다. 장작이 타는 것처럼. 정말 발걸음 소리일까 그것이
ㄹ 맞을까…… . 나는 다듯이 다시 잠들었다.

시(달리는)

내 첫 시집의 시들은 대부분 2022년과 2023년 사이에 쓰였다.
나는 그때의 모든 것을 다시 기억해내려고 절박하게 매달려
있다. 자다가도 벌떡 일어나서 무언가를 쓰면 다음 날엔 시가
되어 있었다. 그땐 거의 모든 게 그랬다. 어떻게 그랬을까?
그땐 있었고 지금은 없는 그것이 도대체 무엇일까? 지금은
무엇을 써도 매끄러운 푸념 혹은 시건방진 체념 정도다. 내가
기어코 무언가를 썼다는 사실을 받아들이면 이런 기분이
든다. 내 몸은 텅 비었고, 나는 그저 받아 적었을 뿐이다,
성실히 남의 것이 되어서. 그러면 그 글은 나의 갑옷이 된다.
튼튼하고 남다른. 그 어떤 공격에도 살아남을 수 있을 것만
같다.

　하지만 그런 기분은 참 귀하다. 이제는 희미하다. 그치만
그때는 어째서? 그런 귀한 기분을 시시때때로 느낄 수 있었지?
가끔은 내가 여생의 모든 운과 힘을 다 끌어다가 써버렸고,
이제 남은 것이 없으며, 남은 것이 없다는 사실을 들키지
않으려고 애쓰며 사는 게 진짜 내가 해야 할 삶의 숙제
같다고 느낀다. 아예 틀린 말도 아닐 것이다. 한 인간을 공허히

인형으로 만들고 싶다면, 그가 진정으로 원하는 것을 주면 된다. 곧바로 길을 잃을 것이다.

상을 받고 나서도 내 삶은 크게 달라지지 않았다. 상금은 선인세였기 때문에 당장 책이 잘 팔리는 것은 나와 큰 상관이 없었다. 그리고 나는 시를 쓰느라 너무 가난했기 때문에 두 번 다시는 그런 게 안 왔으면 좋겠어서 적금 계좌에 잘 묶어놨다. 평생 적금의 'ㅈ' 자도 쳐다보지 않던 한량 바보였던 내가……. 그마저도 눈에 보이면 쓰고 싶어질까 봐 돈을 묶어둔 계좌는 온라인 뱅킹 서비스도 등록하지 않았다.

하지만 나는 매일 집으로 돌아올 때마다, 혹은 나가지 않고서도 같은 자리에서 이기고 지고를 반복할 때마다, 뭔가 같은 걸 조금씩 더 알아가고 있다는 느낌이 들었다. 세상은 내가 상을 받았다고 변하는 것이 아니다. 세상엔 내가 모르는 일이 있다. 세상의 전부는 내가 모르는 일로 구성되어 있다. 세상을 굴러가게 만드는 일은 전부 내가 모르는 일이다. 내가 아는 것은 내가 하는 일의 조금과 내가 보고 듣고 하는 것의 약간이 전부다. 내가 보는 영화와 영상, 내가 듣는 음악과 말, 내가 읽는 책과 책이 아닌 모든 것—나는 여기서 가장 편안한 부분만 취하고 익숙한 구간을 반복한다. 정말 중요한 것은 잊으며 정말 중요한 것이 무엇인지 알려고 하지도 않는다. 나는 내가 아닌 사람들의 의도를 모르기 때문이다. 의도를 모르고 그리고 그들이 어떻게 뭘 하는지 나는 아예 모른다. 정말 눈곱만큼도 모른다.

그리고 내가 이렇게 될 것도 몰랐다.

시인이 되고 싶다고 말한 것도 시인이 된다는 게 뭔지 몰라서 그랬다. 시인이 아닌 상태, 그 애매함을 견딜 수가 없어서, 그냥 나만 있는 게 너무 초라해서, 뭐라도 붙여보고 싶은데, 이왕이면 내가 가장 되고 싶은 것이면 좋겠어서, 그냥 내가 나더러 시인이라고 했다. 내가 원하는 것은 제도권의 승인이었지만 그때는 그게 참 불가능해 보였기 때문에 그냥 내가 나를 허락하잔 마음으로 부끄럽지만 꾹 참고 내가 나를 시인이라고 했다. 누군가는 비웃을 것도 같았고 누군가는 용감하다 북돋아줄 것도 같았다. 하지만 그때는 그런 건 별로 큰 상관이 없다고 생각했다. 시를 쓰는 일이 너무 괴로운 방식으로 나를 해방시켰기 때문에, 그리고 나는 그런 비틀린 식의 일들이 모두 조금씩 좋기 때문에, 그리고 전적으로 시가 너무 아름다웠기 때문에, 내가 그것을 쓰고 있다는 사실만이 중요했다. 나는 내가 왜 시를 쓰는지 잘 알고 있었다. 시가 아닌 다른 것을 쓸 때는 느낄 수 없는 거의 최고의 느낌을, 한 편 아니 한 줄을 쓸 때마다 체감할 수 있었기 때문이다. 이유를 알고 있었으므로 나는 지금 열심히 시를 쓰고 있다고 말했다. 내가 아는 일은 그게 전부였으니까 내가 말하지 못할 걸 말하고 있다거나, 거짓을 말한다고도 생각하지 않았다. 시가 아닌 일, 공부를 한다거나 취업 준비 한다거나 다른 글을 쓴다거나 하는 건 전부 내가 잘 모르고 잘 못했기 때문에 그것에 대해서는 거의 말하지 않았다. 하지만 내가 얼마나 모르는지는 잘 몰랐다. 잘 모르는데도 나는 그냥 말했었다. 그 말은 누군가에게 반드시 입력되었을 것이다.

잘 모르면 잘 들여다보지 않게 된다.
잘 보지 않으면 잘 모르게 된다.
잘 모르면 잘 말하려고 하지 않게 된다.
잘 말하려고 하지 않으면 너무 쉽게 바보가 된다.

나는 참 바보였고 그리고 참 많은 사람이 스스로를 바보스럽게 내버려두고 있었다.
매일이 끝날 때마다, 자려고 누울 때마다, 이 사실이 저려오게 무서워서 앞으로 내가 해야 할 일들도 포기하고 싶어졌다. 하고 싶었던 일들이 하나둘씩 마음속에서 사라졌다.

어떤 조건이라도 한 사람을 당연하게 만들지는 않는다.
그는 사람이기 때문이다.
사람이란 건 너무나…… 좆같은 일이다.
그러니까 사람이거나 좆밥이거나 하는 건 거스름돈 천 원을 지폐 한 장으로 주거나 오백 원짜리 동전으로 두 개 주거나 둘 중 하나인 딱 그 정도 문제인 것이다. 사람은 너무나 하찮고 매번 다르고 아무리 오래 많이 해도 여전히 헤매고 방법을 모를 만큼 어리석어질 수 있기 때문이다. 그러니까 뭘 좀 못하고 뭘 좀 잘하고의 문제가 중요한 게 아니다. 내가 진작에 분간했어야 했던 문제는 그런 게 아니다. 내가 몰랐던 건 잘하기 위해서까지 필요한 온갖 유무형의 노력과 자산이었고, 내가 알았던 건 못할 때는 정말 티가 많이 난다는 것이었다. 억울할 정도로 티가 많이 난다. 노력하다 피 좀 흘려도 그건 아무도 모른다. 웬만해서 피는 잘 안 나기 때문이다. 눈물은 순간을 무마시키려고 한다는 억측을 야기하기 십상이므로 모두가 목젖이 따갑도록 울음을 참는다. 못 참고 울면 그건 그거대로 못난 인간 되는 거다. 이렇게 좀 별로고, 좀 아니고, 좀 못한 것 같은 것들을 다 제외하면 결국 남은 건 엄청 잘한 것들의 모음이 된다. 굉장히 멋져 보이고, 어떻게 했나 싶고, 그냥 한 것 같기도 싶고, 아무튼 그렇다. 우리는 매일 무언가를 너무 잘하는 사람들에게 둘러싸여서 나도 뭔가를 잘해야 한다는 조급함에 시달린다. 하루 단위로 열리는 전문가의 수업들, 불티나게 팔리는 명강의들, 세계적인 석학들의 비법을 담은 책들……. 이런 우리는 뭔가를 조금 못하는 순간에 도저히 익숙하지가 않아서 그런 모습을 볼 때마다 온 감각이 쏠리고 뇌 속의 모든 기억 세포가 발동되는 느낌이 든다. 쟤, 잘하는 줄 알았더니만, 아니었구만, 이제 밑천 드러나는구만. 그 전의 성과는 죄다 어쩌다 한번 잘한 게 되고, 그다음의 잘함을 증명하기 전까지는 단 한 번의 잘 못함으로 기억된다. 사실 따져보면 크게 잘 못한 것도 아닐 텐데도.
  대부분의 시가 막 쓰였던 2022년과 2023년에도 걱정을 했겠지만 딱히 기억이 나지 않는다. 돈을 벌지 않았다는 것이 가장 큰 결함이었지만 그땐 그걸 걱정하진 않았다. 지금도 별반 차이 없다. 사정이 좋아서가 아니다. 모아둔 돈이 있어서도 아니다. 그것을 걱정할 만큼이 아니었기 때문이다. 새로운 강좌를 듣기 위해 가끔 목돈을 결제해야 할 때 종종 걱정스러웠지만, 그게 나를 못살게끔 굴지는 않았다. 그때 나는 매주 더 잘 쓰고, 더 많이 쓰고, 더 나은 방향으로 고치고, 더 많이 읽고, 시에 관련된 것이라면 조금씩 맛보려고 애썼다. 머리를 엄청 굴렸다. 그게 아니라면 딱히 생각하지 않았다.

  나는 매일 어떻게 살아야 할지가 아니라 어떤 걸 써야 할지를 고민했었다. 나는 생각을 오래 해야만 겨우 쓸 수 있었으므로 생각을 멈출 수 없었다. 지금도 나는 멈추지 않고 생각하지만 그 생각의 과녁이 온통 생존과 생활에 머물러 있다. 그러니까 조금 더 절박한? 그러니까…… 뭐라고 해야 할지 모르겠다. 그냥 이건
  내가 해야 할 일이 아닌 것 같다. 그러니까 살아남을 일을 걱정하는 거? 이거 내가 잘하는 일 아니다. 모든 일이 생존과 엮이면 나의 어떤 부분이 마비가 되는 것 같다. 생각을 해야

하는데, 어떤 생각이든 뭐든 생각을 해야 하는데, 그 생각의 여력을 자꾸만 생존의 먹이로 주고 있으니 그 이후엔 남는 것이 없다.

하지만 인간으로 태어나 살아감을 고민하지 않는다면 그것은 엄청난 특권일 것이고 어떤 측면으로서는 태만일지도 모른다.

하지만 나는 특권을 가지고 싶고, 좀 태만하고 싶다. 왜 누리고 싶다는 생각을 하지 말아야 하는지 모르겠다.

게으르게 내가 쓰고 싶은 것을, 충분한 시간을 두고서 쓰고 싶다. 그런 게 아니라면 쓰는 일은 내게 큰 의미도 기쁨도 아니다. 생존과 벌이의 문제가 내 인생에서 사라진다면, 나는 어쩌면 진짜 멋진 작가가 될지도 모른다……. 하지만

웃기네……. 그래 요즘은 그냥 이런 공상을 하고 있다. 모국이 아닌 곳에 살면서 모국어가 아닌 언어로 글을 쓰면서 적당한 희생을 하고 도의적인 정도의 걱정만 하면 되는, 그것을 제하면 내가 해야 하는 일은 오로지 쓰는 일을 계획하고 실행하고 수정하기만 하면 되는 그런 나른한 삶을……. 나이가 들수록 철부지가 되어간다. 깨고 나면 다 꿈인 이야기. 왜 허망해? 모든 게 꿈이면 좋지. 나는 죽어서도 살기 싫다고 할 것 같다. 죽었는데도 사는 게 지겹고 환멸스럽다고 할 것 같다. 아무도 모르는 곳으로 도망가 숨어서 혼자 쓰다 말다

한 글들을 차곡차곡 모아 원고 뭉치로 만들고 그동안 참 살기 싫었다고 말하면서 죽어버릴 것만 같다.

나는 앞으로도 글을 쓰고 싶고 시도 더 많이 쓰고 싶다. 멋진 시집이 하나 더 나오면 좋겠고 주옥같은 산문집 하나만 나와도 바랄 것 없을 거다. 필요한 매체에 적절한 글을 기고하고 각기 할 일을 하면서 작은 충족감을 느끼고 독자들과 상응하고 그들에게 응답받고 싶다. 이건 내가 원하는 삶이 맞다. 하지만

절박해지고 싶지 않다. 절박해지는 순간 뭔가가 매우 구차해진다. 나도 모르는 구석에서부터 어떤 졸렬함이 밀려온다. 눈 밝은 독자들은 바로 알아챌 것이다. 내가 아무리 부지런히 능숙히 그것을 글로 쓰며 속이려고 해도, 이것은 너무나 투명한 속성을 가지고 있기 때문에. 결국 다 들킬 것이다. 이것은 내가 원하는 삶이 아니다. 이런 삶에서는 더 멋지고 더 잘 팔리는 시집도 필요 없고 주옥이 어떻고 하는 산문집도 연재도 기고도 다 필요 없다. 싫다.

나를 괴롭히는 건 나다.
쓸 수 없다는 생각, 더 이상 쓸 수 없다는 생각, 실로 따져보면 소수에 가까울 테지만 나를 향한 비난밖에 안 들려서

눈과 귀가 모두 헐어버렸다는 생각, 바라왔던 제안에 자꾸만
움츠러드는 나를 보면서 진짜 정말로 무능해졌구나 하는 생각,
매주 새로운 시를 써내는 친구들을 보면서 나는 거품이 아닐까
하는 생각, 동시에 그들을 질투하는 내가 저급하고 유치하다는
생각, 그냥 이러다가 죽겠지 그렇다면 가급적 빨리 가야 하는
거 아닐까 하는 생각……. 뭐 이런 생각들이 나를 괴롭힌다.
지겹지도 않니? 응……. 매일 새로워. 나를 괴롭히는 나는
지루할 줄도 모르고 하루가 다르게 다시 태어나고 점점 커진다.
 시인이 되면 다 이렇게 되나?
 그러면 왜 아무도 내게 말해주지 않았지?

 어쩌면 나는 다음 것을 못 쓰고 죽는 게 아니라 못
하겠어, 끝났어, 망했어라는 말만 되풀이하다가 몇 남지 않은
친구들에게 버림받아 쓸쓸히 고독사로 인생을 마감하는 것
아닌가 싶다. 정도…… 라는 게 있는 것이니까. 나는 이미 약간
선을 넘었다.

 누구에게도 못 보여줄 글을 그저 그런 글과 함께 내놓는다.
이로써 나는 우리 만난 처음부터 끝까지 나의 밑바닥을
내보이게 되었다. 당신이 몰라도 나는 언제 어디서나 나의
모자람과 약점을 설파하고 있을 것이다. 저는 이래서 구리고요,
저래서 못합니다. 참 큰일 났죠? 결코 좋은 게 좋다고 말하며

넘어가지 못할 것이고, 지금보다 더 끝내주는 성과를 만들어도 이건 다 운발이고 이제 밉보이면 끝이라는 생각에 절어 있을 것이다. '나'라는 짐승을 배반하지 못하고 평생 곁 내어주며 스스로를 갉아먹고 있을 것이다. 그러다 말 것이다.

자, 나 어때요.
좀 얄밉나요? 나빠 보여요?

그랬으면 좋겠다. 나는 차라리 멋진 악마이고 싶다. 매력도 논리도 철학도 없는 나 스스로의 괴물보다는. 나조차도 홀리지 못할 것이라면 나를 읽는 사람들만큼은 매혹하는 그런 나쁜 사람, 나쁜 시인.

매끈하게 잘 나빠져서, 다음 것도 잘 쓰고 살았으면 좋겠다. 능숙하게 나빠진다면, 내 안의 괴물도 좀 우스워 보이지 않을까? 왜인지 그럴 것 같다.

나빠져라, 나빠져라.
지금의 나를 배반할 수 있는 유일한 가능성의 이름.
나를 떠밀어줄 나의 적군, 나의 칼날.
착한 것만으로는 아무것도 할 수 없다.

우리에게 필요한 건 약간의 편안함. 이런 글은 더더욱 아닐 것이다.

우리에게  　　　  ㄴ의  　　　　　　　  ㅡ 아닐 것이다.

무언가 부러지는 소리가 난다. 우드득. 오늘따라 더 짓이겨지는 느낌이 들었다. 그건 아마 내가 시술에 쓰일 도구들을 미리 엿봐서겠지. 뭐든 잘 모르는 채로 당하는 게 좋고 덜 억울하다. 그 도구는 생각보다 작았고 의외로 두꺼웠다. 저렇게 작고 탄탄한 것으로 또 작고 단단한 것을 빼낸다는 말이지……. 5초 만에 사라진 내 마지막 사랑니를 생각하며 진료실을 빠져나왔다. 마취로 얼얼해진 귀에 손을 갖다 대니 내 것이 아닌 것처럼 소름이 돋았다. 나쁘지 않다고 생각했다.

치과에서 나오면서부터, 아니 어제부터, 아니 지난주부터, 아니…… 나는 항상 무엇을 어떻게 쓸지에 대해 머리가 빠개질 정도의 근심으로 내내 고민했다. 이건 답이 없는 고민이고 어차피 내가 해결하지 못하는 것일 텐데도 매번 그런다. 그러다가 앞으로의 일정을 생각해본다. 곧바로 나의 안색이 푸르스름해졌다.

마감이 몰려 있다.

언제나 '마감'이 있다고 말하며 고민하는 동료들과, '마감' 때문에 오늘은 참석하지 못할 것 같다는 친구들을 보면서 나는 아주 오랫동안 저것이 나의 일이었으면 좋겠다고 생각했다.

그러니까 그 일감을 빼앗거나 개 대신 내가 하고 싶다는 뜻이
아니라, 나도 마감으로 바빠보고 근심 어려보고 싶었다. 그때의
나는 아무도 시키지 않은, 그렇게 많은 사람이 읽을 리도 없는,
시라고 하기엔 그냥 절대 아니고, 산문이라고 하기엔 너무 짧은,
그런 글을 마구 써대고 있었기 때문이다. 그렇게 써서 모은
글들을 매달 초에 공개하고 책과 함께 그 글을 팔기도 했지만
잘 모르겠다. 그것이 진짜 읽혔을까? 아니? 됐다. 지금은 이게
중요한 게 아니라 나도 지금 그런 삶을 살고 있다는 자각이
중요하다. 나도 마감에 시달리는 작가가 된 거다. 된 걸까.
정말로?

나는 왜인지 모르게 '항상 바쁠 것 같다'는 오해를 사는데,
그럴 땐 그냥 대충 얼버무린다. 매번 아니라고 해명하는 것도
우습고 몇몇 선배들은 그냥 바쁜 척하는 게 더 도움이 된다고
조언을 하기도 했기 때문이다. 그리고 어쨌든 다 떠나서, 내가
정말 바라던 것이 아닌가? 그런데 항상 등 뒤가 따가웠다.
'마감'이라고 말하는 게 맞나?

사실 나는 지금 너무 피곤하다. 감각을 무디게 만드는
주사를 여러 번 맞고, 치아를 뽑아내고, 어찌어찌 보내야 할
택배가 생겨 편의점에 들르고, 송장을 등록하고, '마감'이
있어서 내가 늘 오는 커피하우스에 앉아 있다. 나는 눈이 반쯤

감긴 채로 생각한다. '그냥 가서 잠이나 처자고 싶다.'

나와 같은 테이블에 앉은 사람들은 뭔가에 다 열중하고 있다. 독서를 하는 사람, 열심히 대화하는 사람들, 그림을 그리는 사람. 거기서 나 혼자만 영혼이 나간 채로 겨우 정신 줄을 붙잡고 있다. 이 사람들은 어쩜 이렇게 열심일까? 안 피곤하나? 사는 게 괜찮나? 계속하면 지치지 않나? 그만하셔도 될 것 같은데…… 무엇 때문에 이렇게 하는 걸까?

난 모른다. 알 수 없다. 다만 그들의 생활감, 그리고 생기가 믿기지 않을 뿐이다. 부럽지도 않다. 내게 올 수 없는 것을 아니까. 그냥 나는, 소진된 인간이 되어서, 가장 큰 테이블의 가장 구석에서, 음험하게 모든 사람을 염탐하고 있다. 너무 피곤한 눈으로, 당장이라도 드러눕고 싶단 생각에 약간 화가 나려는 것을 참으면서. 그리고 이제 진짜 집에 갈 것이다.

세상에 좋은 것만 있다면 얼마나 좋을까. 그럼 좋은 거 실컷 해도 아무도 뭐라고 안 하고 나조차도 그런 내가 너무 사랑스러울 것 같다. 이 기특한 놈…… 알아서 이렇게 좋은 걸 쑥쑥 넣어주다니. 더 잘 살아라!

하지만 세상은 그렇지 않고 우리는 그 사실을 아주 잘 알고 있다. 너무 좋아하는데, 너무 좋아한다는 그 사실이 해롭고 또 싫어서, 그만두고 싶고 완전히 연을 끊어버리고 싶다고도 생각하게 된다.

나는 잠이 싫다.

나는 너무 많이 잔다. 많이 자고 싶지 않은데도 많이 자지 않으면 기본적인 기능이 안 되어서 인간 구실하기가 힘들다. 하지만 많이 자면 피곤하다. 더 피곤하다. 평생 풀릴 것 같지 않은 무한한 피로감을 느끼면서 매일매일 일어난다. 잠이 너무 싫다. 잠이 아예 안 왔으면 좋겠다. 잠을 자고 싶다는 욕구, 졸리다는 느낌이 삭제되었으면 좋겠다.

그것보다도 나는 늘 피폐해 보이는 내 모습이 싫다.

친구들은 매일 걱정하고, 엄마는 늘 다그친다. 의사는 효력 없는 말만 하고, 하지만 약은 끊을 수 없다. 거울을 보면 반쯤 내려앉은 얼굴로 겨우겨우 무언가를 하려고 하는 내가 너무 못났다. 친구를, 동료를, 새로운 사람을 만나러 멀리 가는 일이 매우 어려워졌다. 이동 자체가 피로이기 때문이다. 영화관 가는 것도 귀찮고, 전시는 아예 흥미를 잃었다. 삶의 반경이 점점 더 좁아지고, 모든 것을 잠으로 환원하여 생각한다. 이거 할 바엔 그냥 잔다, 계속 잔다, 이런 생각으로 모든 일을 미루고 시작조차도 못 한다.

내가 일어나면 세상의 하루는 이미 시작한 지 오래다.
그래서 나를 제외한 나머지 사람들과 오래 이야기할 수 없다.
왜냐하면 그들은 이미 오늘 할당된 업무와 의무를 거의 다
한 지 한참이고, 좀 있으면 집에 가야 한다. 나와 상의하거나
의견을 나누기에는, 너무 늦었다. 나는 자기 전에 예약 메일을
걸어놓고 잔다. 새벽에 보내면 혹 알림이 갈까 봐, 그래서 나를
미워할까 봐, 그리고 잠만 퍼 자느라 이제야 답장하는 나를
내가 미워하기 때문이기도 하다. 10시 46분 정도로. 출근
직후인 9시는 너무 티가 나고, 깔끔하게 떨어지는 5분 단위는
너무 작위적이다. 나는 그런 생각을 하면서 나 혼자 할 수 없는
일들을 혼자 하고 혼자 잔다. 늦게 자고 많이 잔다. 자고 싶다고
생각하면서 잠에서 깨어난다. 친구들이 여행을 간다. 즐거워
보인다. 하지만 나는 여기 집에서 혼자 있다. 친구들과 시간을
보내는 대신 잠을 잔다. 이젠 그것이 서럽지도 않다.

하루는 시를 쓰는데, 피로나 피곤보다 더 강력한 단어가
필요한데 도무지 떠오르는 게 없어서 사전을 마구 뒤졌다.
그러다 '피핍하다'라는 말을 찾았다. 피곤하다는 한자와 결핍을
뜻하는 한자의 묶음이다. 사전적인 뜻은 "몸이나 마음이
지치어 고달프다"이다.

피로하다: 과로로 정신이나 몸이 지쳐 힘들다.

피곤하다: 몸이나 마음이 지치어 고달프다.

엄격히 따지면 큰 차이가 없긴 하지만, '피핍'이라는 파열음의 연속성이 매우 잔인하고 폭력적으로 들린다. 그래서 나는 이렇게 썼다. "나의 가장 큰 적은 소진된 인간의 피핍함이다."[4]

이미 소진된 인간의 피곤과 결핍. 나는 이것이 싫다. 나에게도 안 그런 때가 있지 않았을까? 하지만 잘 생각이 안 난다. 없었을 수도 있다는 뜻이다. 유년 시절을 몽땅 잃어버린 것처럼, 나는 뭐가 다 기억이 잘 안 나고, 오래전 사진을 보면 눈물이 터질 것 같다. 기억은 안 나지만 알고 있는 것 같다. 내가 소진되기 전의 모습을.

나는 이제 좀 그만하고 싶다. 나는 잠이 싫다. 너무 피곤하다.

피곤하다 몸이나 마음이 지쳐서 힘들다.

엄격히 따지면 큰 차이가 없긴 하지만, '괴롭'이라는 고통의 연속성이 매우 잔인하고 폭력적으로 들린다. 어머니는 이렇게 썼다. "그                 된 인간 1괴함이다."

                된     고고
      안                     잘 생각이 는
   어었을                  시절을 몽땅 잃어버린
  , 니                   나고, 오래전 사진을 보면
  | 터                    지만 알고 있는 것 같다.
  소진되              ㅡ ㅁ ㅡ.


   는   좀   말하고 싶다
 피    다.

아침에 네 개, 밤에 여덟 개. 필요 시 하나둘 늘어간다. 어느 순간 내가 너무 많은 약을 먹고 지내는 것 같다고 생각했다. 이상하다고 생각한 적 없지만 불현듯 조금 불편한 느낌이 들었다. 나는 '효능감'이라는 단어를 사용해 말했다. "특정한 상황에서 적절한 행동을 함으로써 문제를 해결할 수 있다고 믿는 신념 또는 기대감"을 뜻하는 말로, 이는 사실에 기반한 개념이 아니다. 느낌, 일종의 느낌, 그것일 뿐이다. 약물은 체내에 흡수됨으로써 일정한 시간 내에 평균적으로 입증된 신체의 각종 변화를 일으키는 물질인데. 명백하게 존재하는 사실로서의 외부의 것인데. 왜 나는 몇 년째 그것이 가져다줄 느낌에만 의존하게 되는 것인지? 게다가 나에게 처방된 이 알약들이 나의 최선이 아닐 것이라는 생각은 다른 차원의 좌절감을 안겨준다. 그리고 약 없이 지낼 수 있다는 일상성에 대한 기대감이 전혀 없다는 사실도 생의 주기처럼 나를 찾아오고 때론 나를 후려 팬다. 정신 차려. 하지만 온전히 온전한 것이 어디에 있고 있다면 누구에 의한 것인지? 나는 온종일 몽롱한 상태로 잠에 취해 있다. 약 때문이겠지. 수면을 유도하는 약은 희뿌옇고 파란빛을 띤다. 혹시 이것을 먹지 않으면 나는 곧 내일 말간 상태로 일어나 귤도 까먹고 커피도 마시고 집을 쓸고 닦고 빛낼 수 있지 않을까, 나의 조그마한 부분부터 치명적인 부분까지 언제나 이 쌀알 한 톨 정도 되는 우스운 화학물질에 좌우된다는 사실이 웃기다.

웃겼다. 나는 이제 약을 그만 먹고 싶다. 더 먹으면 먹었지 덜 먹고 싶다고 생각한 적 없다. 약 먹는 삶은 나를 너무 쉬워 보이게 만들기 때문이다. 오늘 나의 산뜻함, 약 때문이야. 오늘 나의 거지 같음, 약 때문이야. 탓하는 건 언제나 쉽지 그리고 안전하지. 나는 늘상 나 아닌 뭔가를 탓하고 싶었다. 그런 마음의 방향이 언제고 나를 향하는 방식은 이제 좀 구리고 멋도 없지만 그렇다 쳐도 솔직히 내 탓은 아니기 때문이다. 계속해 말할 테지만 나는 미치지도 않았고 아프지도 않다. 다만 조금 지체되었으며 언제나 살짝 더 느릴 뿐이다. 지체되고 느린 것을 우리는 병들었다고 생각하기 마련이지만.

고통에는 몇 가지 종류가 있을 테지만 내가 상상할 수 있는 건 이렇다. 보이지 않는 것과 보이는 것. 전자는 증명하기 어렵고 할 수 있대도 잘 믿어주지 않는다. 언어화, 정량화를 요구당하거나 자행해야 한다. 후자는 쉽게 증명된다. 그것이 너무 수월하여서 때로는 감추고 싶지만 그럴 수 없어 매 순간 들통나는 식이다. 상흔과 같은 자국을 동반하는 종류라면 그것에 홀려버린 온갖 눈빛들과 싸워야 한다. 상흔을 바라보는 시선에는 연민, 혐오, 연민과 혐오, 연민을 인지하지 못한 혐오, 지나친 연민으로 혐오조차 연민할 수 있다고 생각해 행해지는 혐오 등이 있다. 자발적으로 판단해보자면 내가 주로 겪는 고통은 전자의 것, 보이지 않는 고통에 해당된다. 나는 오래 이것을 탓했다. 보이지 않는다는 사실이, 내가 느끼는 나의 고통이 명백하게 가시화되지 않고 치명적인 의료기록으로도 남지 않으며 초기-말기 같은 극명한 단어로도 정의될 수 없다는 점, 하지만 이런 일로도 죽고 살고, 여러 번 죽고 다시 태어나지 않고, 혹은 죽지도 살지도 않게 되는 이런 일이, 지겹도록 비슷하게 빈번히 반복된다는 점, 하지만 나도 가끔은 나를 볼 때 혹 멀쩡한 것 아닌지? 내가 아프다고 믿고 싶은 건지? 하는 의심이 들었다는 점에서 이 고통이 싫었다. 나의 자격 없음, 효능감 없음, 유망성 없음, 기대감 없음 등이 전부 다 내가 보일 만큼 아프지 않아서라고 생각했기 때문이다. 내 얼굴에 혹은 내 몸에, 가려도 가려지지 않는, 보려고 하지 않는 이들에게는 더욱 선명히 보이는 그런 차별의 표지가 없어서, 내가 생각하는 나의 고통과 사회가 용인하는 나의 고통의 정도가 일치하지 않아서, 그러니까 나는 나만을 연민하기 때문에 이것이 주는 어떤 인지의 조화롭지 못함이 내가 사소하게 자주 느끼는, 불행에 가까운 생각의 연원이라고 믿었던 것이다.

그래서 나는 자주 아픈 몸에 대해 생각하게 되고, 아픈 사람들을 보고 싶다고 생각한다. 당신이 느끼고 있는 고통의 정도를 숫자로 표현해보세요. 일부터 십까지 있어요. 그러면 다 웃는 사람들, 이런 질문에 화내지 않고 픽픽 웃으며 대답하는 사람들이다. 그러게요, 얼마나 아픈지. 하지만 이건 진짜 아파요.

앤 보이어의 책, 『언다잉』을 읽었다. 수기도 수필도 자서전도 아니고 픽션은 더더욱 아니지만 논픽션이라고 할 수도 없다. 모든 회상과 서술에는 비교적 큰 허상이 자리하고 있기 때문이다. 하지만 이 모든 건 진짜고 전부 다 진짜고 앤 보이어는 죽지 않았고 죽지 않아 글을 썼고 나도 맨날 죽겠다 죽을 것이다 말을 하지만 그건 말뿐이고 그 말 역시도 내가 살아 있기 때문에 할 수 있고 그래서 나는 명백히 살아서 앤 보이어가 죽다 살아난 이야기를 쓴 불멸undying의 책을 읽다가 이런 생각을 하게 된 것이다. 이런 생각이라 함은 아마도, 고통 자체에 대한 생각인 듯하다.

고통은 분명히 말해질 수 있다. 찡그린 표정, 퀴퀴한 냄새, 울긋불긋한 피부, 풀린 동공, 기름진 머리칼, 야윈 몸, 부풀어 오른 몸, 절뚝거림, 휨, 경직, 와신臥身, 수면, 비수면, 칼칼한 목소리, 그만해!, 멈춰!, 진료 중 아프면 왼쪽 손을 드세요, 아파요 아파요 왼쪽이든 오른쪽이든 내 손이라고 생각되는 모든 것을 다 들어 갖다 바쳐도 아무도 중단시키지 않으며 아무것도 중단되지 않는다, 네 조금만 참으세요, 가끔 내 손을 잡아주거나 하는 의료인이 있었는데 너무 오래돼서 기억이 나지 않는다, 마취, 마비, 진압, 떨림, 진동, 구토와 같은 거부 반응, 나열해도 끝이 없을 방법으로 고통은 너무나 쉽게 말해질 수 있다. 몰랐다고? 나의 고통을, 너의 고통을 몰랐어? 모를 수 있어? 그 비명, 싸움, 시위, 반대─몰랐다면 그것은 모르기로 한 너의 결정이다. 고통은 몰라서 모를 수 있는 종류의 것이 아니다. 이 모든 건 좀 중요한 일, 먹고사는 일이 해결되고 나면 논의하자고 말하는 걸 오로지 지켜보고만 있어도 내가 왜 이러지 내 몸이 왜 이래 하면서 조금 살기 싫어지는, 이놈 저놈 다 죽이고 감옥 가겠다는 그런 허파 터지는 농담을 하게 되는 그런 것도, 사실은 일종의 고통이라는 것이, 숨 쉬듯 느껴지고 소름 끼치는 게 고통이라는 것이, 진짜 아픈 사람을 더욱 아프게 하고 그것은 영원히 비밀이 된다.

불쌍한

불쌍한 당신에게

이 막연한 슬픔은 어디에서 왔을까? 자주 그런 생각을 한다. 혹시 당신에게서 왔을까? 그럴 수도 있다고 생각한다. 우리는 많은 것을 공유하고 있으니까. 내가 곧 당신이기도 하니까. 그렇다면 당신도 이렇게 슬펐을까? 언제? 어느 때에? 얼마나? 얼마나? 만약 이 슬픔의 일부가 당신에게서 비롯된 것이 맞다면 지금 당신은 엄청나게 슬퍼서 사실은 아무것도 하고 싶지 않을 것이다. 왜냐하면 내가 지금 그러하니까. 내가 그만큼 슬프니까.

왜 우리는 이렇게 탁월한 슬픔을 공유하게 되었을까? 누가 먼저일까? 당신이 슬프기 때문에 내가 슬픈 것일까? 아니면 내가 슬프기 때문에, 그런 건 오로지 보고만 있어도 덩달아 슬퍼지기 때문에? 잘 모르겠다, 어느 순간부터는 이 슬픔의 출처를 밝히고 따지는 일이 그렇게 중요하다는 생각이 들지 않기 시작했다. 당신과 나를 제외한 세상 전부도 조금씩 상처 났고, 그래서 그 상처를 돌보느라 눈물을 자주 흘리고 있다는 사실이 더 크게 느껴지기도 했기 때문이다. 그리고 그것을 당신도 알지, 때때로 우리는 말을 하지 않고 어떤 일들을 그냥 넘겨버리곤 하니까. 그건 회피도 방어도 아니었고 그냥 그 모든 걸 벌어진 그대로 받아치는 연습이라는 걸 나는 뒤늦게야 깨달았다.

하지만 당신 너무 불쌍한 당신
내가 왜 이렇게 슬픈지 모르겠지.

당신 때문은 아닐까 사실은 걱정하고 있지.
우리 모두에겐 뭔가가 있어. 그건 너무나 깊이 내재되어 있어서 삶 동안 발현되지 않기도 하는 것 같다. 그리고 그것은 사람마다 크게 다르지 않고, 사실은 조금씩 엇비슷한 크기의 서글픔이라는 걸, 그렇다는 걸 알아서는 아니고 그냥 조금 그렇게 믿어보기로 했다. 그렇게 믿으면 이 슬픔의 연원이 우리 사이에 놓인 핏줄 같은 강물에서 왔을지도 모른다는 생각도 조금 접어둘 수 있고, 매일 미워하느라 바빴던 속 모를 사람들의 삶에 대해서도 사과할 수 있게 된다. 내가 얼마나 나빴는지, 나만 알았는지, 그러면 덩달아 숙연해지고 내일은 내 슬픔보다도 더 큰 세상을 보고 듣고 만지고 써야겠다는 생각을 하고 자게 된다. 설령 생각에 그치더라도, 그것은 생각만으로도 중요한 의미가 있다. 모두가 너무 슬퍼 모두가 너무 아파 모두가 너무 병들었고 모두가 색다른 나쁨에 시달리고 있다. 이해할 수 없지만 이미 벌어진 일들이 훨씬 많고 우리의 힘으로, 우리의 슬픔으로 제지하거나 억제할 수 없다 어쩔 수 없다. 나는 슬퍼하면서 거의 모든 것에 대해 비관하고 일찍이 포기하는 것만이 원만한 해결책이라고 믿었지만 어쩌면, 울지도 웃지도 않는 표정으로 이다음을 생각하는 게 상책일지도 모른다. 내 인생 내내 무덤덤했던 당신의 표정을 보면서 그렇게 배웠다. 어떻게 무너지지 않을 수 있어? 혼자 되묻는 시간에도 눈을 단단히 감고 자는 당신을 보면 그래 나의 슬픔은 어쩌면,

정당하지 않을지도 몰라, 이것을 극적으로 나쁜 쪽이 아니라 선선하게 좋은 쪽으로 생각할 수도 있었다.

    방법이 없을까? 사실 아직도 절박하고 할 수만 있다면 포기하고 싶은 이 모든 슬픔. 차라리 전부 다 내가 지어낸 것이고 나에게서 만들어진 것이었으면 한다. 왜냐하면 이 슬픔, 당신으로부터 온 것이고 그리하여 당신도 슬펐던 것이면 안 될 것 같다. 담담하게 자면서 사실은 사방으로 도망치고 싶은 그런 젖은 꿈을 꾸고 있었을 거라고, 그렇게 생각하면 나는 정말 더 슬프니까. 어딘가에서 자꾸만 흘러서 놓치거나 잊히게 된 슬픔 그것들이 잘 모이고 뭉쳐서 전부 다 내게 온 것이라고 생각하면 차라리 귀여운 선물 같고 그렇다. 그리고 어쩌면 진짜 선물인지도 모른다. 이제 나는 그것을 감사히 받는 연습을 하게 된 것이다. 이 말도 안 되게 넘실대는 서글픔, 다 내 것이라니.

    사실 이건 어찌되었든 과한 생각이고 또 의미 없는 집착일 수도 있다. 하지만 그런 치졸함 없이는 당신도 나도 이 삶을 버틸 수 없을 것이다. 우리는 항상 어떤 방향으로 모가 나 있고 그건 그거대로 또 괜찮은 법이겠지. 이제 무언가에 심히 저항하는 일을 줄이고 싶다.

    하지만 예쁘고 불쌍한 당신

    내가 몇 번을 다시 살아도 못 갚을 것이다.

    정말 몇 번을 더 살아낸다고 해도

라,            극       나쁜
      좋은 쪽으로 생     도
   방법이 없을까? 사        절비         며
포기하고 싶은 이 모든         라
것이고 나에게서              면
   든, 당신으로부         그러하
안 될 것           을          치
싶                었       고,     생각히
                  가에서 지    흘러서 놓치
                 모이고 뭉쳐서 전부 다  저
                    선물 같고 그렇다.
          도 모른다. 이제 나는 그것      
          것이다. 이 말        하게 넋실대는
        니
            없         생각이고 또 의미 없는 집착일
               지슬히 읽히는 당신도 나로   삶을
              리는 항상 어떤 방법으로 그기
                   좋은 법이겠지. 이제 무언가에 십히
               고 싶다
       안 예쁘고       한 낯
  내가 돗 번을          도 못 잡을 것이다.
  정말 몇 번은           래도

종이무덤

요즘 어떻게 지내?
응, 매번 늦으면서 지내.

　내가 한 말이었다면 좋겠지만 난 저렇게 멋지게 대답할 줄 모른다. 일단 질문 자체가 구리니까……. 언젠가 어디서 주워들은 건데 내가 딱 저렇게 살고 있는 것 같다. 모두에게 매일에게 거의에게 다 늦어가면서 지쳐가면서 뒤를 보다가 앞을 못 보고 넘어지고 넘어지면 못 걷고 못 걸으면 뒤처지고 뒤처지면 슬프고 슬프면 아무것도 못 하게 되고 아무것도 못 하게 되면 다시 앞선 모든 것의 반복이다. 나는 이 굴레를 계속 계속 계속 휘저으면서, 뭐라도 숨겨져 있는 것처럼, 떠나지 못하고, 이 굴레를, 계속 계속 계속…….
　나는 내일도 늦을 것이다. 혼자 밥을 먹고 물을 마시다가 생각한다. 지금 몇 시지. 9시 6분. 약속은 깨버리면 그만이다. 그렇게 해서 잃은 사람도 많지만 그 사람들은 나보다 나와의 약속이 더 중요했던 것이다. 둘의 차이? 이해? 아량? 뭐 등등. A와 만나기로 한 날, 여느 날처럼 몸도 마음도 괴팍해져서

도무지 나아지질 않아서, 오래 고민하다 약속을 취소했다. 아프다고 했다. 많이 아프다고 했다. A는 화를 냈다. 우리가 아직 친구는 아니지 않느냐면서. 친구라면 이해해줬을까? 난 친구라고 생각했는데. 친구의 조건은 뭔가? 우리는 친구가 아니었는데 내가 친구처럼 굴어서 A와 나는 친구가 되어보지도 못한 채로 어정쩡한 사이가 되었다.

나는 미안하다. 그런데 미안하다고 해서 될 일도 아닐 것 같다. A가 나를 거절했으니까. 결국 이 모든 이야기는 다시 출발점으로 온다. 나는 이 굴레를, 계속 계속 계속……

『실비아 플라스의 일기』 다 읽다. 칠백 쪽이 넘는 책이었는데. 솔직히 중간엔 정말 죽고 싶었다. 그만 살고 싶게 한 책이 그렇게 많지 않았는데 않을 것인데 나는 어쩌다 이 책을 읽게 되었을까. 밖에서 이 책을 읽고 있는 사람을 우연히 마주치기라도 한다면. 어떡하지. 당장 그를 뜯어말려야 하나? 저기요 처음 뵙겠지만 이 책은…… 안 읽으셨으면 좋겠어요. 계속 살고 싶으시죠? 그러면 읽지 마세요. 제가…… 부탁드릴게요. 새빨갛게 붉은 양장 제본의 책, 앞뒤로는 아무런 장식도 없음, 책등엔 그의 일기임을 알리는 제목만이 크게 은박 후가공. 그냥 알아챘어야 했는데.

혹독한 추위, 겨울, 역사적 한파, 작가로서의 가난, 생활고, 매혹 같은 아이 둘, 갑자기 한 달 만에 써지던 천재적인 작품

삼십 편, 예상되는 성공, 직감으로 느껴지는 천재성, 조금만, 조금만, 제발 조금만 더…… (잠시 후) 오븐 안의 젊은 대가리. 금발이라 더 잘 탔겠지. 참 안됐다. 테이프로 꾹꾹 막은 방 너머에서 식빵 부스러기 긁어대고 있었을. 아니다. 아무도 불쌍하지 않아. 그 애도 결국 시인이 됐잖아. 되어서 아빠를 욕보였으니까. 그럼 된 거지. 다 좋았던 거지.

내일 잘 모르는 친구와 만난다. 우리 집에서 만난다. 우리는 딱 한 번 만났는데 나는 걔를 친구라고 생각한다. 별 의미 없이 그냥 친구다. 별달리 친구가 아니면 무엇이겠는가? 동료라기엔 우리는 같이 일한 적도 없고 그가 나에게 일을 준 적도 없고 내가 그에게 일을 준 적도 없다. 그리고 앞으로도 그럴 일 없어 뵌다. 대충 셈 처보면 친구라는 결과가 나온다. 걔는 내 친구다.

그런데 너무 만나기 싫다. 안 왔으면 좋겠다. 언제든 와도 된다고, 내가 말해놓고서는, 그래서 언제고 오는 친구인 건데, 왜 어째서 나는.

못 올 것 같다고, 30분 전에 말해도, 나는 화가 나지 않을 것이다. 내가 하지 않은 음식을 미리 잔뜩 사놓고 내가 마시지 않을 술을 조금 사놓고 내가 있을 때는 잘 틀어놓지도 않는, 이제는 비싸서 못 트는 난방을 한참 전부터 켜놨을지라도 화가 안 날 것 같다. 나는 걔 친구니까. 걔의 이유가 나의 이유보다 더 중요해지는 순간이 있는 법이니까. 거짓말이래도 눈감아줄 사이가 하나둘쯤은 있어야 하는 거니까. 나는 괜찮으니까.

여기까지 쓰는 데 21분이 걸렸다. 두 시간 동안 죽 쓴다면 나는 내가 원하지도 알지도 못했던 곳에 도착할지도 모른다. 오늘 읽은 책에서도 그랬다. 꿈꾸듯이, 꿈을 외듯이, 스스로를 필경사 대하듯이, 그저 읊으며 계속 써보라고…… 그러면 어디론가 가닿게 된다고. 그런데 그렇게 가닿은 작가들이 다 비참하게 죽었다는 사실도. 어쩌면 거기 가보느라고 쓰다가 그렇게 죽었는지도? 물론 난 쓴다고 죽는 일 없겠지만. 조금 피곤은 하겠지. 잠은 자면 된다. 잠이야 자면 된다. 잠은 늘 자면 된다. 잠은 어쩌면 자면 는다. 나는 잠을 잔다. 멀어진다. 떨어진다. 옅어진다. 막힌다.

잘 준비. 소진된 느낌. 일찍 자고 싶다.

사실 비밀인데 졸고 같은 시 네 편 정도를 쓰고 매달 십오만 원씩 받고 있다. 편당 십오가 아니라 도합 십오다. 그 돈이 통장에 들어올 때마다 기분이 이상하다. 방금 또 졸작을 하나 보냈다. 아주 조용한 독자들이다. 내가 아무리 나쁜 걸 써도 욕하지 않고 가끔 조금 나아진 걸 써도 칭찬하지 않는다. 그냥 묵묵히 읽는다. 다 벗어나서 이 사람들만 볼 수 있다면 난 조금 더 깨끗해질까? 물론 아니겠지. 깨끗해지려면 시…… 안 써야 한다.

　청탁이 너무 많이 와서 밤을 새우고도 모자란다는 소설가의 이야기를 들었다. 그는 정말 죽겠다며 술을 홀짝였다. 청탁이 너무 안 와서 밤을 새우고도 모자란다는 시인의 이야기를 안다. 듣지 않아도. 그는 정말 죽겠다며 술을 홀짝인다.

　뭘 잃어버린 건지 도무지 모르겠다.

많이 외서 밤은
야기를 들었다. 그는
틱이         외서
이기를    .  들지 않아도 그는
 다.

 길 잃어                    모르겠다.

서머싯 몸

단테

괴테

도스토옙스키

…….

최근 구매한 도서의 저자 목록이다. 지루하기 짝이 없다. 하지만 나는 저 지루한 이름을 진득히 견뎌본 적이 없었고 아마 그것 때문에 지금 내가 이 모양 이 꼴인지도 모르겠단 생각을 했고 그래서 온갖 고전들을 수소문했고 마구잡이로 들였다 물론 수소문했다는 것은 완전히 거짓말이고 사실 누군가에겐 전혀 고전이 아닐 수도 있다.

고전을 읽는다는 것에는 언제나 이런 딱지가 붙는다: 사는 게 너무 거지 같은데 혹시 134년 전에도 이랬나? 믿기지 않아서 저런 책들을 하나둘 사 모으면 결론은 이렇다: 웃기지 마라 2563년 전에도 그랬단다. 이것은 위안인가? 조롱? 조소? 아니면 혹시…… 희망? 내가 찾는 것 혹은 필요한 것이 무엇인지는 모르겠지만 실패를 거듭하면서도(혹은 실망하면서도) 계속해 고전을 긁어모으는 이유는 아마도 어떤 보장된 마음 때문일 것이다. 앤 죽었고, 이건 이야기고, 이 이야기를 둘러쌀 새로운 이야기는 당분간 등장하지 않아, 여기서 내가 말하는 이야기란 논쟁이 될 만한 거리를 말해, 난 그게 피곤해, 죽은 자들이 조용하단 건 모두가 아는 사실이야, 조용해서 조용히 지나갈 법도 하지만 난 언제나 그런 무감각한 것들이 좋았지—책은 이미 그 자체로도 일종의 무덤인데, 나는 무덤의 무덤을 찾아가서 무릎 꿇고 비는 셈이다. 무엇을 비는가?: 그때가 더 불행했다고 말해…….

타인의 불행은 왜 언제나 맛있는 이슈가 될까? 사실 이게 진짜인지도 모르겠지만, 점점 더 가혹해지는 온갖 매체들을 보며 상상한다. 각국의 언어가 난무하는 댓글창을 빠르게 훑으며 '번역하기' 버튼을 꾹꾹 눌러본다. 생각하는 것을 생각하는 일과 생각하는 것을 말하는 일이 왜 이렇게나 다른지, 그래서 왜 이렇게 사람을 으스스하게 만드는지 아직도 잘 모르겠다. 그리고 내 뒤도 그렇게 깨끗하지 않다는 생각을 하다 보면 스스로 부끄러워진다. 새롭게 가까워진 친구들에게 늘 이렇게 신신당부한다: "이 대화의 극히 일부가 새어 나가는 순간 우리 둘 다 끝장이다. 우리는 서로를 죽일 것이다." 나는 이런 대화창을 '디지털 무덤'이라고 부른다. 스크린샷은 암묵적인 금기이고 이것은 상식이다. 물론 무덤 안에서만.

그러니 나는 이런 무덤을 더 이상 만들고 싶지 않다고 생각하고, 꼭 생겨야만 한다면 그게 내 것이어야 하는가에 대한 당위성을 묻게 되는 것이다. 시답잖은 소리로 들끓는 우리의 대화창이든, 종이의 무덤이든 상관없다. 뭐든 끔찍한 일을 조금 덜 만들고 싶다는 생각을 한다. 그리고 이런 생각은 나를 도태시킨다. 왜냐하면 나는 필연적으로 쓰레기를 만들어야만 하는 사람이 되었기 때문이다. 지난 한 해 있었던 크고 작은 일들의 공헌은 이것이다: "쓰기만 하면서 살 수 있지 않을까?" 물론 이것은 완벽한 거짓이고 순간에 지나지 않는 환상이며 나는 부양해야 할 가족도 책임져야 할 권리도 딱히 없기 때문에 여러모로 합리적인 착각이었다. 물론 이것은 현재 해당되지 않는 일이고 이제는 약간 포기했다. 하지만 내가 포기할 수 없는 것은 나의 과거, 나의 고전이 될 지난 시간들. 그러니까 영혼이 조금씩 나가고 있다는 것을 알면서도 여기에 가고 저기에 가고 이런저런 말들을 의식하고 또는 의식하지 않으면서 내가 나다우려고 썼던 모든 단어 한 글자 한 글자. 그 모든 것이 나의 고전이다. 무덤을 향한 편파적인 애정이 습관이 되었다. 나는 언제나 과거를 바라보고 있다. 과거가 아니지, 사실들. 나는 사실에 중독되었다. 나는 가능성을 모른다. 혹은 가능성의 행진. 무엇이든 당장 움직이고 있는 것에 너무나 큰 이물감을 느낀다. 제발 멈춰, 멈춰서 나를 보란 말이야. 사실의 얼굴과 마주하면 그제야 숨을 들이켜고 다시금 나 자신을 다듬는다. 오로지 사실만이 나를 추동시킨다, 사실은 배반하지 않는다, 사실됨의 진실이란 오직 이 명제에 있을 뿐이다. 나는 고리타분한 고전주의자가 되어 이미 죽은 사람들의 죽은 글을 읽는다. 위안이 되는구나, 편안하구나, 인간은 자연스럽게 자신이 습득한 사실들의 자산이 되고 싶어 한다. 나도 죽은 것을 만들어내고 싶네. 내 존재 자체와 상충되는구나, 그렇다면 최대한 하지 않는 쪽으로……. 그렇게 거절한 일들이 나를 여기 이곳에 만들어지게 했다. 대체 어딘지 알 수 없다. 나를 숨게 한다.

하지만 인간으로 태어나 쓰레기 아닌 삶을 사는 게 누가 있지?

내가 방금 다 읽은 무덤도 사실은 쓰레기다. 모든 부산물은 썩어서 냄새가 나게 되고 그렇게 외면당한다. 그 운명을 피해 간 사람은 아무도 없다. 그런데 대체 왜 내가 그런 일을 할 수 있다고 믿는 거지, 그 누구도 성공하지 못한 안 쓰레기의 삶을? 모두가 쓰레기를 만들어낸다. 나, 고전의 무덤, 두 번 방문한 적 없다. 모두 한 번 읽고 말거나 그 한 번도 끝까지 읽지 않았거나 읽기도 전에 버린 것들이다. 그런데 왜 대체? 말도 안 되는 죄책감의 가능성이 언제나 나를 수치스럽게 만든다. 내 안에 죄책감의 영토가 따로 있는 듯하다. 여기서는 사실이 살아남을 수 없다. 이미 몰살당하고 학대당했다. 사실은 실패했다. 사실로서 존재하는 것을 용납하지 않았다. 그것이 죄책감의 승리다. 죄책감은 언제고 이어지는 짜릿함에 몸을 뻗대지 않고서는 살아갈 수 없었다. 이것이 내 중추에 있는 어떤 기둥이다. 죄책감이라는 사실, 그리고 내가 사실만을 숭배한다는 것. 나는 퇴로 없는 국경에 서서 한순간엔 이민자가 되고 한순간엔 이방인이 된다. 그 어떤 쪽에서도 나를 자국민으로 받아주지는 않는다, 다만 의심할 뿐. 소속되지 않았다는 감각과 소유하지 않았다는 착각 속에서 무엇이 덜 나쁜 일인지를 재고 있다.

내가 알고 있던 '고전'의 사전적 의미는 모두 아래와 같다:

고전古典2 「명사」
　「1」 옛날의 의식儀式이나 법식法式.
　「2」 오랫동안 많은 사람에게 널리 읽히고 모범이 될 만한 문학이나 예술 작품.
　「3」 고대 그리스와 로마의 대표적 저술.

고전苦戰10 「명사」
　전쟁이나 운동경기 따위에서, 몹시 힘들고 어렵게 싸움. 또는 그 싸움.

고전孤戰8 「명사」
　지원부대가 없는 외로운 전투.

고전古塼6 「명사」
　옛날의 벽돌이나 기와.

고전股戰9 「명사」
　무서워서 다리가 떨림.

고전古傳3 「명사」

예로부터 전하여 내려옴.

예로부터 삶의 지침이라 할 만한 모범적인 예술은 마치 아무도 동참하지 않는 홀로의 전투 같아 그 고됨이 얼마나 중한지 사지가 떨릴 정도였다고, 예로부터 전하여 내려온 이 이야기들이 나의 낡은 기왓장이 되어 집을 쌓는구나.

책.
종이 기와의 무덤, 아니 집.
책을 만들고 싶다고 생각했다.
내가 노력했기 때문에 만들어진 사실들을 생각한다.
그것은 우연도 요행도 아니다.
사실이다.
그리고 절대로 혼자일 수 없다는 것도.

이 지독한 운명이 우리를 불행하게 만드는 것이다. 고지식한 말들이 우리를 더 외롭게 한다. 사랑도 취미도 재주도 재능도 그저 순간에 머물 뿐이었다. 우리 마음이 제멋대로라 그렇다. 시시각각 바뀌는 마음의 보폭을 따라가기에는 그 어느 것도 부족했다. 모자랐다. 결국에는 내가 그만두거나 그쪽에서 나를 포기하거나 하는 식이었다. 이것의 반복이었다. 계속되는, 무한한, 고리의 반복.

    책밖에 없어서 그랬다.
    책밖에 없어서.
    그래서 그랬다.

    책은 변하지 않으니까. 그리고 너무 많은 책이 세상에 존재하니까. 쏟아져 나오니까. 게다가 책은 말도 없고 마음도 없으니까. 그냥 책인 게 전부니까.

    다 바뀐다. 심지어 나도 바뀐다. 그래서 바뀌는 게 싫었다. 하루 멀다 하고. 사람 마음이라는 게 기분이라는 게 관계라는 게 세상이라는 게 날씨라는 게 젠장할 세상 모든 게 그냥 순식간이라. 도저히 못 살겠어서. 계절도 바뀌고 나무도 바뀌고 꽃도 강아지도 고양이도 다 바뀐다. 바뀌어서 다 떠나버린다. 진짜인 줄 알았던 것도 어느 순간엔 가짜가 되어버리고,

가짜인 줄 알았던 건 나도 모르게 진짜가 되어서 나를 바보로 만들었다. 도대체가 마음 놓고 살 수가 없었다. 언제 뭐가 바뀔지 몰라서. 바뀌면 내가 어떻게 될지, 어떻게 해야 할지 모르게 되니까. 거기서 내가 제일 빨리 바뀌어버리니까. 내가 괴물 같아지는 순간도 있으니까. 돌도 부서지고 산도 깎인다. 태양도 저물고 달도 매일 모습 다르다. 물은 계속 흐르고 흙도 썩는다. 망할 세상에 안 망할 것처럼 그대로인 게 아무것도 없었다. 무덤도 파낸다. 죽은 뼈도 썩어 사라진다. 아무것도 아닐 거라고 생각한 모든 영혼도 다 바뀐다. 오독하고 오해한다. 그러다가 시간이 지나면 또 다르게 읽히는 영혼들. 그러면 나더러 뭐 어쩌란 말인가. 어디에다가 믿음이라는 것을 두고 살아야 하는가. 마음이라는 거, 별것도 아닌 이 마음이라는 거, 하나 두고 바깥에 나가서 인간 구실을 할 수가 없었다. 마음 두고 온 곳이 또 바뀔까 봐, 바뀌어서 돌아오는 길 영영 모르게 될까 봐. 그런데 마음은 너무 무겁다. 매일 들고 다닐 수가 없었다. 나는 바뀌는 모든 것을 피해 다니는 심정으로 살았다. 제발 제발. 어디 한구석에는 있겠지. 내가 바뀐다 한들 절대 바뀌지 않을, 손바닥만 한 쥐구멍이라도 좋으니 하나 정도는 있겠지. 제발 제발. 없는 종교를 만드는 심정으로 빌면서 찾아다녔다. 징그럽게 무거운 마음을 이고 지고서. 제발 이 망할 것 잠시라도 좋으니 놓고 떠날 수 있게 해달라고. 영원은 바라지도 않을게요. 잠깐만 쉬게, 잠깐만 도망가게 해주세요.

그러면 저 조금 강해질지도 몰라요. 짐 같은 마음 신경 쓰느라 아무것도 못 했는데. 사람 구실 할 수 있게요.

그런데 도무지가 책밖에 없었다.

미덥잖은 책밖에, 글자밖에 없었다. 베어진 나무와 갖가지 원료로 만든 종이에 까맣게 인쇄된 글자들밖에는. 마치 죄를 고백하는 것처럼 한번 새겨지면 절대 되돌릴 수도 되돌릴 일도 없는 글자. 글자밖에 없었다. 그렇게 도피하는 마음으로 읽었다. 다 아니니까. 책 말고는 다 아니고 다 변하니까. 책은 나의 최선이자 차악이었다. 나를 가두기도 하고 방생하기도 했으며, 침묵하게도 했다가 오만하게 만들기도 하고. 그러니까 나를 자꾸 바뀌게 했다. 그런데 종이 위 글자들은, 풀 먹은 그 종이 더미들은 도통 바뀔 생각을 하지 않았다. 가끔은 책이 틀린 것 같은 때도 있었지만 그래도 바뀔 생각은 하지 않았다. 버림받는 일이야말로 가장 간편한 사건이라는 듯이. 변화. 그건 책의 속성이 아니었다. 책이 가지지 않은 기질이었다. 나는 책이 바뀌지 않는다고 생각했고 바뀌지 않는 것은 책뿐이라고 착각했으며 바뀌지 않아 다행이라고 생각했다. 그래서 욕지거리가 나와도 계속 책으로 돌아왔다. 때문에 오래 걸렸다. 조금 일찍 알았으면 일찍 그리로 도망가 있었을 텐데 도망가서 아무것도 듣지 않고 아무것도 보지 않는 바보가 되었을 텐데. 낡아진 마음을 들고 책에게 갔다. 그리고 책 안으로 숨었다.

진짜인 것들은 모두 책에다 쏟거나 말했다. 말해도 괜찮은 것들만 골라서 말하거나 말하지 않았다. 그러다가 나는 오해를 사거나 미움을 받거나 사랑을 느끼기 일쑤였지만 책은 그대로였다. 걔는 말도 없었다. 말을 안 한다. 그냥 있다. 내가 있어달라고 한 바로 그곳에. 내가 한참 찢어지고 온 날에는 그곳에 그냥 그렇게 있는 책, 을 보면서 다행이라고 생각했다. 얘는 종이고 나는 사람인데 찢기는 쪽은 나구나. 너는 나를 안 버리겠구나. 내가 너를 버리기 전까지는 내 옆에 계속 있겠구나. 너는 계속 책이겠구나.

사랑해서 미쳐버릴 것 같은 마음이 아니라 절대로 사랑하고 싶지 않아서. 사랑이라는 걸 완전히 잃어버리고 싶어서. 완전히 잊고 싶어서. 완전히 모르고 싶어서. 그래서 모든 걸 포기하는 마음으로 책에게 갔다. 이게 나를 향해 쏟아지는 질문에 대한 가장 정확한 값의 대답일 것이다.

책에게 사랑을 준 적 없다. 받은 적도 없다. 그냥 내 집이 되어달라고 했을 뿐이다. 밖을 살다가 모질게 돌아오면 그냥 그대로 있어줄 집이 되어달라고 했을 뿐이다. 집 집 집. 평생을 뼈 갈며 일하고 아득바득 살아 벌어 모아도 실루엣조차 보기 힘든, 그 망할 집이 되어달라고. 며칠을, 한 달을, 사계절을 버티고 살 수 있는 집이 되어달라고. 내가 원하는 곳에 내가 원하는 시간에. 언제든 갈 수도 도착할 수도 있는 나의 집이 되어달라고. 그냥 바랐을 뿐이다. 책이 나에게 뭘 바랐는지는 모르겠다. 알 수 없다. 중요하지도 않다. 문제가 되지도 않는다. 걔는 말이 없으니까.

어느 날 내가 외롭지 않게 된다면, 세상 모든 것이 서로에게 그렇듯 나는 걔를 내팽개쳐버릴 것이다. 내가 빚진 것은 생각도 하지 않고. 새로운 무언가를 향해 뒤도 돌아보지 않고 무자비하게 떠날 것이다. 그래도 괜찮을 것이다. 책은 말이 없으니까. 마음도 없으니까.
 내가 책을 미워할 수는 있어도 책은 나를 미워할 수 없다. 비뚤어진 방향의 사랑이 가끔 나를 죄스럽게 만들기도 하지만 그 역시 괜찮다. 책이 요구하지 않았을지도 모르지만 아무튼지 간에 나의 마음과 몸과 시간과 돈과 체력을 모두 내어줬으니까. 책에게는 나를 미워할 권리가 없다. 나의 모든 것을 줬으니까.

그래서 꼴도 보기 싫어질 때가 있다. 나는 나의 모든 것을 줬는데, 책이 내게 줄 수 있는 것은 오로지 책뿐이니. 묻지도 않고 너무나 많이 줘버린 자가 권리라고 착각해버리는 그 보상심리가 덜컥하고 작동할 때마다 나는 책이 무지 미웠다.

사랑이라고 단언할 수 없는 이유다.

당신이 내게 기대하며 물었던 사랑에는 이런 추접스러운 마음이 포함되어 있지 않으니까. 당신이 원하는 나의 사랑은 올바르고 상호적이며 깨끗하고 이상적인 사랑에 가까웠을 테니까. 책을 사랑하냐고 묻는다면 나는 그렇다고 답할 수 없다. 그것은 비윤리적인 일에 가깝다. 진실이 아니니까. 진실을 묻는 질문에 거짓으로 답하는 것이니까. 하지만 당신이 생각하는 사랑이라는 단상에, 온갖 잡다한 추악함이 함께 올라가 있다면, 어쩌면, 네, 그래요. 저는 책을 사랑하는 것일지도 모르겠어요. 들릴 듯 말 듯 말할 수 있을 것 같다. 그리고 미안하다는 말도.

그런데도 나는 계속 외로웠다.
찾은 것만 같았는데. 찾게 된다면 그다음은 없을 것만 같았는데. 읽는데도, 나는 자꾸 읽는데도 외로웠다. 이유도 모르게 점점 더 외로워져갔다. 더 많은 책을 읽을수록.
그러다가 나는 한 글자 한 글자를, 소리 내어 읽기 시작했다.
목구멍에서 튀어나온다.
소리가. 목소리가 나온다.
불현듯.

　　　　　물었　 사랑　는 이런 추접스러운
　　　　　않는　나. 도　흔히는 나의 사랑은
　　　　　새끗한 아이- 사랑에 가까웠을
　　　　　고 다면 나는　 았다고 답할
　　　　  적　　　가　　 실이
　　　묻는 질문에 저　 답　　  까. 하
당신이 생각하는 사랑　단상에　　　추악하이
함께 올라가 있다면, 어　게,
섯일지도 모르겠어　　　듯
그리고 미안하다는

　　　　　　로운
　　　　　  갖게 되나면 ㅏ음은 없을 것
　　　　자꾸 읽는데도 　로웠다. 이뉴
  외도워서　 ㅣ많은 책을 읽을수록
한 글자 한 글자를, 소리 내어 읽기 ㅏ곤 했다.
  나 았다.
     나온

혀를 윗 천장에 살짝 닿는 정도로만 말아 올리고, 목젖을 울린다는 생각으로 소리를 낸다. 아르르르흐. 어떤 언어에는 내가 낼 수 없는 소리가 있다. 건널 수 없다는 생각이 들면 비로소 안심하게 된다. 그저 바라보면 되니까 마음이란 게 더욱 깨끗해지는 것이다.

※ ※ ※

일본에서 태어나 일본어를 제1언어로 습득한 작가 다와다 요코는 제2언어로 습득한 독일어를 포함해, 두 가지 언어로 온갖 글을 쓴다. 시와 소설 희곡 그리고 그 나머지의 모든 말들⋯⋯. 그는 언어의 복수국적자다. 일본인이면서 동시에 일본인이 아니다. 하지만 독일어로 글을 쓴다고 해서 독일인일까? 독일어를 자유롭게 구사하는 일본인은 그렇지 않은 일본인과 어떻게 다를까? 독일어로 쓰인 작품과 일본어로 쓰인 작품은 어떻게 다를까? 다와다 요코는 어떤 언어에 자신의 본령이 있다고 생각할까? 그런 건 애초에 없다고 생각할까? 그래서 두 언어를 쓰는 것일까? 나는 거의 모든 책을 읽을 때마다 이런 생각을 한다. 한 번, 혹은 그 이상, 셀 수 없을 만큼 선적된 언어들. 저기서 태어나 이곳에서 정박하고, 머물다가 또 떠나고, 그다음 정착지에서 또 한 번 더 정박. 멈출 때마다 다르게 되어야 하는 글자들. 그것을 이고 나르는, 옮기는, "글자를 옮기는 사람"들. 나는 본능적으로 이런 언어들에 끌린다. 원본을 알 수 없게끔 아마도, 혹은 분명히 변형되었을 글. 그리고 그 사이를 횡단하는 사람으로부터만 느낄 수 있는 미묘한 차이. 생김새. 나는 번역이 가진 그 단독의 행위성이 좋다.

며칠 전 한 프랑스 작가의 작품이 국내에 번역 출간되었다. 이전에 작가의 다른 책을 읽다가 포기한 경험이 있었다. 구체적인 이유를 알 순 없지만 대충 좀 어려웠던 것 같다. 하지만 이번에 새로이 번역된 책은 달랐다. 다른 작품이었기 때문이다. 그래, 사람의 영역이란 게 참 사방으로 뻗어 있는 거였지, 하면서 새삼 재밌게 읽었다. 그리고 내가 작가들의 또 다른 작품, 내가 포기할 뻔했었던, 그러나 그러기엔 너무 멋졌던 이야기들을 다시금 잡아 읽을 수 있게 된 데에는 언제나 번역가의 존재가 있었다. 거의 모든 책을 읽을 때마다, 한 번쯤은 아니 매번 멈춰서 번역가의 이름을 확인한다. 그가 어떤 작품과 작가에 관심을 갖고 있는지 궁금하다. 어떤 다른 책을 번역했는지 훑어본다. 반갑다. 아는 이름이다. 어쩔 땐 '옮긴이의 말'을 먼저 읽으려고 책의 끝으로 달려간다. 기분 탓이겠지만 쓴 사람과 선적한 사람의 태가 조금 닮은 것 같다. 거의 항상 그렇다. 이런 일들이 많아졌으면 좋겠다고 생각하면서 나는 또 번역된 글을 읽는다. 내가 모르는 언어와 우리가 아는 언어 사이를 횡단하며, 수만 개의 글자들을 선적했을, 배 안의 글자를 옮기는 사람들.

 책을 다 읽고선, 번역가 선생님께 문자를 드렸다. 내가 개인적으로 연락할 수 있는 유일한 번역가이기도 하셨기 때문에 나는 이런 생각, 그러니까 다음은 없을 수도 있다는 생각이 들면 조금 막무가내가 된다. "선생님! 이번 신간 너무 좋아요! 번역 짱!!!" 조금 퇴화된 언어로…… 일차원의 세계에 있는 순수한 기쁨을 전달했다. 곧바로 전화가 왔다. 선생님이었다.
 우리는 통화했다. 서로를 궁금해하고, 독려해주고, 칭찬해주고, 서로의 바쁨을 좋게 견제하고, 언제 한번 만나자 하는 전형적인 K-대화로 끝나는 그런 어른한 내용의 통화였지만 나는 참 좋았다. 이것은 글이 아니었다면, 글을 옮기는 사람과 그렇게 옮겨진 글을 다듬는 사람들이 아니었다면, 말을 다듬고 책을 만드는 사람들이 아니었다면 불가능했을 일이기 때문이다. 대략 십 포인트 정도 되는 줄글을 아직까진 힘들이지 않고 읽을 수 있다는 사실에도 조금 기뻐하면서, 선생님 선생님 번역 많이 해주세요, 쉬지 마세요, 놀 생각 마세요! 하면서 하하 호호 웃었다. 상기된 목소리, 기쁨에 가득 찬 음성, 착각이었을지도 모르지만 그건 행복인 것 같았다.

나의 시집이 있었으면 좋겠다, 라고 생각했다. 이제는 나의 시집이 있구나, 그러면…… 그러면 내 시집이, 나의 말들이 옮겨졌으면 좋겠다, 아무 곳이든 횡단하고 마음대로 선적되면 좋겠다, 라고 생각한다. 하지만 이 어려운 일들이 어떻게 진행되는지는 난 모르고 그러나 오늘도 수십 권의 번역서가 출간된다. 시집은 아주 가끔. 곧 캐시 박 홍의 시집이 번역 출간된다.″ 제목은 『몸 번역하기』(정은귀 옮김, 마티). 신체의 수행이 반드시 동반되어야 한다는 점에서, 우리가 다루는 도구가 어떻게 변하든 간에, 글쓰기에는 언제나 행위성이 있다. 몸을 번역한다고. 그래, 그건 그냥 글을 쓰는 일 그리고 시를 쓰는 일일지도 모른다. 나의 다른 몸이 되어 다른 삶을 살게 된 내 말들, 나의 시집. 그것을 지대 삼아 나 역시도 횡단하는 사람이 되어보고 싶다. 글자를 옮기는 사람에게 글자를 주고 싶다. 나누어지고 싶다.

언어는 머무르지 않는다. 영원히 떠다닌다. 항해하고 선적된다. 여행하며 옮겨진다. 그리고 기꺼이, 그것을 추적하는 사람들이 있다. 언어를 횡단하는 사람들이 있다.

∷ ∷ ∷

∷ 2024년 8월 출간되었다.

"세상에는 다른 말로는 절대로 번역되지 않는 책도 있습니까?"
"네, 세상에 있는 대부분의 책이 그렇지요."
"번역본밖에 남아 있지 않은 책도 있나요? 옛날 책."
"네, 원본이 사라져서 번역본만 남아 있는 책도 있습니다."
"번역본밖에 없는데 어떻게 그것이 원본이 아님을 알 수 있습니까?"
"그건 누구나 바로 알 수 있어요. 번역은 그 자체가 하나의 언어와 같거든요. 뭔가 후두두 돌멩이가 떨어지는 느낌이 드니까 알 수 있어요."[5]

※ ※ ※

근래에 읽은 번역서들

—매기 넬슨, 『아르고호의 선원들』, 이예원 옮김, 플레이타임, 2024.
—샹탈 아케르만, 『브뤼셀의 한 가족』, 이혜인 옮김, 워크룸프레스, 2024.
—앙투안 볼로딘, 『작가들』, 조재룡 옮김, 워크룸프레스, 2024.
—E. E. 커밍스, 『E. E. 커밍스 시 선집』, 박선아 옮김, 을유문화사, 2024.
—레거시 러셀, 『글리치 페미니즘 선언』, 다연 옮김, 미디어버스, 2022.
—엘렌 모렐-앵다르, 『표절에 관하여』, 이효숙 옮김, 봄날의책, 2017.

세는 다른 말로는 질 ⃝ ⃝ ⃝ ⃝ ⃝  
있습니까?"

"네, 세상에 있는 대부분의 책이 그렇지요."

"번역본밖에 남아 있지 않은 책도 있나요? 옛날 책"

"네, 원본이 사라적 번역본만 남아 있는 책도 있습니다."

"번역본밖에 없는데 어떻게 그것이 원본이 아님을 알 수 있습니까?"

"그건 누구나 바로 알 수 있어요. 번역은 그 자체가 하나의 언어와 같거든요. 단가 후두두 돌멩이가 떨어지는 느낌이 드니까 알 수 있어요."

⃝ ⃝ ⃝

근⃝ ⃝ ⃝ 번역선들

⃝기 넬슨, 『아르고호의 선원  ⃝ ⃝ 』 ⃝, 원⃝, 202⃝.

—상탈 아케르만, ⃝ ⃝ 쉬셀의 한 가족⃝

—앙투아 부도⃝, 『작가들』, 조재룡 ⃝ ⃝

— ⃝ ⃝ 스, 『 ⃝ ⃝ ⃝ 마 ⃝ 시 ⃝ ⃝

⃝니셸⃝ ⃝ ⃝ ⃝ ⃝ ⃝ ⃝선 ⃝ ⃝ ⃝ ⃝ ⃝ ⃝ 나, 어니스, 202⃝.

렌 모렐— ⃝ ⃝ ⃝ ⃝ ⃝ ⃝ 각, 오늘의책, 2017.

뭔가 긴 글을 쓰고 싶은데…… 우선 1. 체력이 없고 2. 충분한 생각이 없고 3. 있다 하더라도 정리가 안 되었으며 4. 딱히 쓰고 싶지 않은 생각들뿐이다. 다만 시간을 죽이고 싶어서 시작된다.

"생각 좀 그만하라"는 말을 합평에서 들은 적이 있는데, 그것은 칭찬이기도 하면서 약간은 저주 같은 말이기도 하다. 그리고 약간 무책임하기까지도 하다……. 방법을 알려주지 않고 하는 권유는 명령에 다름 아니며 듣는 사람으로 하여금 일방적인 답답함만을 유발시킬 뿐이다. 하지만 그렇다고 해서 유효하지 않은가, 라고 물으면 또 그건 아니다. 명령을 듣고 생각을 하게 된다는 점에서 그렇다. 생각이 많으면 나쁜가? 나쁘면 어떤 것이 어떻게 악화되는가? 아니라면 어떤 식으로 개선이 되는가? 뭐 그런 생각을 하게 되는 것이고 이렇게까지 하다 보면 나는 또 그 망할 생각이라는 걸 이렇게까지 한다는 것을 깨달으며 나는 정말 생각이 징그럽게 많긴 하구나 약간 인정을 하게 되면서도 아니 이 정도도 생각하지 않고 산다면 무슨 재미로 산단 말인가 남들이 궁금해지는 지경이 되는 것이다.

『파도』는 일종의 장시다. 버지니아 울프가 소설이라고 명명했기 때문에 소설이라고 알려지고 읽힌 것이지 그 본질은 매우 시다. 기막힌 장시에서만 발현되는 관찰의 미학과 도식화할 수 없는 화자가 여럿 등장한다는 점에서 내게는 매우 시로 읽힌다. 하지만 그 분열이 지나치게 심하고 작품의 길이가 거의 무한대에 가까워서 독자로서는 부침을 느끼지 않을 수 없다. 그도 그것을 의식한 것인지, 약간은 짧은 호흡으로 작품을 종종 끊어가며 전지적인 화자의 시점이 삽입되는 것을 자유롭게 허용한다. 그것만 따로 빼내어 읽어도 충분하다. 『파도』를 다 읽지 못한 채로 생각한다. 독자를 포기하게 만드는 장시를 쓰고 싶다고……. 누군가를 무릎 꿇게 만드는 것, 패배하기 어려운 이 시대에 누군가에게 합당한 패배감을 느끼게 하는 것. 약간 아름답다고 느껴진다. 지금은 졌다. 질 수밖에 없다. 다행인 것은 버지니아가 지나치게 많은 작품을 쓰고 떠났다는 것이다. 독자로서 그만한 다행은 없다.

실비아 플라스의 양면성에 대해 생각한다. 그는 매우 분열된 사람이었다. 자신의 천재성을 일면 인정하면서도 평생 성공할 수 없으리라는 확신에 휩싸였으며—따라서 실존적인 불안에 시달렸고, 여자로 태어났다는 사실이 분에 넘치게 부당하게 느껴졌지만 그것을 최고로 활용하고 싶어 했다. 실제로 그는 많은 이성과의 인간적/육체적 관계를 자처했으며 계산적으로 굴었다. 하지만 동시에 자신의 순수한 마음을 쏟아부을 수 있을 사람을 너무나도 갈망했다. 결혼이라는 제도를 탐탁지 않아 했으나 반드시 해야 한다면 누구보다 현명하게 하고 싶다고 생각했으며 주어진 조건과 환경을 가장 먼저 재고 따지며 깐깐하게 굴었다. 마음이란 잴 수 없는 시차와도 같다는 걸 영혼에서부터 잘 알았지만, 동시에 충분히 활용 가능하다고 믿었으며, 그 누구의 것보다도 자신의 것을 첫째로 다스리려고 했는데, 이것이 욕심이라는 것은 잘 몰랐던 듯하다. 그는 테드 휴스를 정말로 사랑했다. 일기만 읽어도 실비아가 테드를 얼마나 갈망했는지 알 수 있다. 심지어 자신의 성공보다 남편 테드의 성공을 더 바랐다. 욕망 덩어리였던 실비아에게 성공의 기회를 먼저 내어준다는 것은 거의 모든 것을 내어주는 것이나 다름없었다. 가식이 아니라, 정말로 선택을 할 수 있다면 테드의 성공을 나의 그것보다도 더 바란다고, 그는 여러 번 썼다. 실비아는 여자로 태어나서 여자로 살았으며 여자인 것을 최대한으로 (유리하게) 이용하고 싶었다. 그는 명석한 사람이었다. 하지만 그는 동시에 너무나 죽고 싶었다. 왜 그랬을까? 왜 그랬을까? 실비아는 일기에서 자살한 여러 작가들을 언급하는데, 버지니아 울프를 가장 빈번하게 언급한다. 그는 그들이 죽을 수밖에 없었던—특히나 자살의 형태로—이유를 이미 알고 있는 것처럼 말한다. 그래서 그들을 비난하거나 그들의 죽음을 아쉬워하지도 않고, 그저 진리 그 자체로 여긴다. 그들의 죽음이—자살의 형태였기 때문에—삶과 작품의 진리를 증명해준다고 믿는다. 반박하지 않는다. 그는 버지니아를 읽으며 생각한다. 어떻게 이렇게 쓸 수 있지? 영혼을 갈아 끼울 수 있다면 버지니아가 되고 싶다고 바란다. 작가로서 원하는 (거의) 모든 것이 버지니아에게 있다고 믿는다. 그가 느끼는 정신적 분열성, 그리고 신체와 영혼 사이에서 느끼는 이질감, 계급사회에서 충분한 특권을 누리며 살고 있지만 그것을 전부 부정하고 거절하고 싶다는 댄디즘적인 모순, 이것들이 버지니아와 직결된다. 동시에 그저 인간으로서 느끼는 생명적인 욕구들은 D. H. 로런스와 연결 짓는다. 실비아는 스스로가 버지니아와 로런스의 합작이었으면 하고 바란다. 욕망을 그대로 혹은 더 과하게—그것이 진실에 가까워지는 유일한 길이므로—표현하면서 투명함과 진실함을 유지하고, 존재의 고통을 드러내면서 어떤 근본적인 부조리함을 느끼게끔 유발하는 것. 그러니까 왜 '죽을 수밖에 없었는지'를 매우 자연스럽게 납득하게 만드는 것이 실비아가 평생 쓴 이유이자 책임이었을 것이다. 그는 죽고 싶어서 글을 썼다. 천성적인 특권에 일종의 죄책감과 책임 의식을 느꼈으며, 성별에 무관하게 누렸던 어떤 부유함이 있었기 때문에 그는 자신의 맹목적인 우울함을 설득시키지 않으면 죄인이 되고 말 거라는 생각에 시달렸을 것이다. 다 가졌는데도 슬퍼하거나 불만스러워한다면 그것은 일종의 기만이다. 왜 기만적으로 느껴질까? 그 이유에 대해 충분히 말하지 않기 때문이다. 왜 슬픈데? 왜 죽고 싶은데? 그렇게 다 가졌으면서 왜 더 바라는데? 실비아는 이 우스움에 자신을 내던지지 않기 위해서 끊임없이 설명한다. 왜 죽을 수밖에 없고, 그 과정으로 가는 길에 어째서 글쓰기가 있으며 와중에 사랑하기를 포기하지 않는지를, 죽기 전까지 설명한다. 그 설명의 방식은 대체로 시였으며 그는 시적 언어가 발화하는 방식에 대해 집착적으로 고민하며 썼다. 그는 책임 의식을 갖고 썼다. 끝까지 설명했다. 그것이 충분한 기록으로 남아 있다. 그렇다면 적어도 내게는, 모든 독자에게가 아니라, 적어도 내게는, 그것을 다 읽어야 할 의무가 있는 것이다. 그렇지 않다면 나는 그를 배반하는 것과 다름없다. 아니면 비겁하게 탈취하는 것이다. 이미 취할 것은 취했기 때문에 충분히 도망칠 수 있다. 하지만 나는 그를 배반하고 싶지 않다. 목숨과 맞바꾼 이 일기들을 나는 다 읽어야만 한다. 비록 이제는 지겹다는 생각이 들어도.

는데                     자신을 내던지지 않기
    '중임'             '  밖에 없고, 그 과정으로
  길에 (                    락 하기를
      않                           서명의 마신

체                 으며       시작 안
작적으로    하여 썼다. 그
설명했다. 그것    분한 기록
   는 모든 독자에게가 아     고        , 그것을
읽어야 할 의무가 있는 것이나 그렇지 않다면 나는 그를
배반하    것과 다를 없    아니면 비겁하게 둘 쳐리는 것이다
이기 착할 것은   했기 때문에 충분히 도망칠 수 있다  아직
나는 그를 배 신하고 싶지 않다. 목숨과 같    이 일기들을
  는 다 읽어야만 한다  비록 이제는 지겹다   생각이 들어도.

시간은 존재하지 않는다. 오로지 공간, 그리고 시간을 제외한 공간이 존재할 뿐이다. 이건 가정도 상상도 아니며 명백한 사실이다. 시간은 없는 것이다. 시간은 허상이다. 시간은 우리를 짓밟고 웃으며 지나가는 유령일 뿐이다. 하지만 우리는 시간에 따라 살고 시간에 따라 죽으며 시간에 따라 모든 것을 걸거나 그것을 제외한 다른 것을 포기하거나 하면서 삶을 채워나간다. 채워나가는 삶은 시간 없는 공간일 뿐이지만 우리는 그것이 오로지 시간으로만 채워진다고 착각하면서 삶이라는 공간을 더욱 부풀려나간다. 시간은 상상과 이상을 허락하기 때문이다. 공간에 주입된 시간은 무한정으로 늘어나서 주름지고 더러워진다. 이것이 시간의 관념이고 속성이다.

   시간에 절여진 사람들이 시간을 뒤돌아본다. 정리하고 회고하고 곱씹는다. 어떤 이는 참 괴로웠다고 말하고 다른 이는 너무 좋았어서 붙잡고 싶다고도 말한다. 나는 그 사이에서 아무런 느낌도 없이 허망하게 잠을 자면서 그랬구나 그러려니 하며 스스로의 모든 것을 차단한다. 나는 생각이 없고 생각이 싫고 생각을 하며 빚어낸 것들에 진절머리가 나고 이제 그냥 좀 쉬고 싶다는 생각을 하면서 또다시 잠을 자려고 애쓴다. 나의 몸은 잠이라는 공간으로 채워져서 곧 터질 것만 같고 이것은 약의 탓도 내 탓도 아니다. 이제는 탓할 게 없고 탓은 그저 탓일 뿐이다. 내가 미워한다고 해서 나를 다시 사랑해주거나 미안하다고 말하거나 나를 안아주거나 하지 않는다. 그냥 나는 계속 잠을 자고 약속을 취소하고 친구들과의 자리에서 자발적으로 탈락되고 계속 혼자 있으면서 그저 내 옆에 있는 작은 짐승 하나만을 보면서 영원히 미안해할 뿐이다. 나는 잘 모르겠다.

손으로 적은 일기를 디지털화해야겠다고 생각하고 있다. 내가 잃어버릴 수도 있고 내가 미쳐버릴 수도 있고 게다가 나는 악필이어서 내 필체는 나만 검토할 수 있다. 내가 무책임하게 이 시공간을 뒤집어엎고 가도 전부 다 의미 없던 일이 되어버릴 수도 있기 때문에 나는 얼른 이 작업을 시작하고 빠르게 끝마쳐야 한다.

하지만 시간을 없던 셈 치고 살았던 나는…… 너무 가엽게도 시간 안에 갇혀 있다. 모든 일기에 그것을 쓴 시간을 굳이 같이 써둔 이유가 무엇일까, 너무 매달렸으니 그랬던 거겠지, 그 모습을 다시 보는 게 싫고 두렵고 더러워서 미루고 또 미루고 있다.

다른 차원을 볼 수 있다면 지금 이 삼차원의 세계 따위는 내게 아무것도 아닐 텐데. 가끔 하늘을 올려다보면서 이것이 전부 가짜라고 생각하고 나는 이제 진짜 그렇게 믿는 것 같다.

삶이라는 공간을 둘러싼 모든 것이 가짜고 오로지 진짜인 것은 그게 가짜라는 사실뿐이라고. 그렇게 생각하면 뭔가를 해야겠단 생각도 없어지고 더 하찮게 하루를 보내고 그래도 괜찮다는 식으로 나를 달래면서 잘 잘 수 있다.

여기는 도망칠 곳이 없으면 끝끝내 찾곤 했던 나의 벤치. 하지만 이제 너무 많은 사람이 보고 있음을 안다. 나에게 기쁜 일이 있었으니 내가 기뻐해야 한다고 생각할 사람들과 나의 공포와 두려움을 이해하지 못할 사람들과 앞뒤 맥락도 없이 나를 미워할 사람들과 이 모든 걸 합쳐서도 나를 사랑할 사람들이 바깥에 혼재되어 있음도 안다. 너무 어지럽게. 곧 미칠 수도 있겠다는 생각을 하면서. 나는 한 줄도 못 썼고 쓰고 싶단 생각도 들지 않는다. 그저 말을 조금 덜 하고 싶고 대답을 안 하고 싶고 질문을 피하고 싶다. 겨우 만들어놓았던 관계도 내 손으로 끊어내면서 나는 오로지 단 한 사람 단 한 시간만을 기다리면서 읽고 먹고 자고 쓰고 다시 또 잔다.

얼마 전 했던 인터뷰가 너무 싫었다. 일일이 답하고 싶지도 않았다. 하지만 나는 해야만 하는 사람이었고 여기서 내가 답하지 않고 모른다고 넘어간다면 내가 나를 배반하는 셈이 된다. 하지만 난 말하고 싶지 않다. 내가 말하고 싶은 건 이미 거의 다 말했다. 이제 없다. 쌓이면 다시 말할 것이다. 그리고 그것은 공간이 될 것이다. 내가 아무리 자세히, 오해 없이, 곡해 않게 구구절절 말해도 어차피 와해될 파동의 모습이 아니라. 누가 발로 짓이기고 뭉개도 여전하고 멀쩡한, 배반의 시간도 사랑의 순간도 없는, 백지의 공간이 전부인 그곳에서 나는 다시 혼자 서서 말할 것이다. 그리고 또 말하겠지. 읽으라고. 여기 이게 전부니까. 묻지 말고 읽어달라고. 당신이 느낀 그것이 전부이며 동시에 나머지를 필연적으로 포함하지 않고 있겠지만 그것이 절대로 맞다. 나는 정정할 생각이 없다. 내가 맞고, 무조건 네가 맞다. 누구 하나 틀린 적 없고 틀리지도 않을 것이다. 나는 싸우고 싶지 않다. 잠을 잘 자고 싶다. 혼자 있는 시간을 시간이라고 생각하지 않으면서 비참해하지 않으면서 잘 있고 잘 자고 싶다. 내가 바라는 것은 그게 전부이고 그게 잘된다면 나는 말도 안 하고 대답도 안 하면서 쓰기는커녕 그냥 죽기 전까지 읽기만 하면서 살 것이다. 나는 내가 꼭 그랬으면 좋겠다. 반드시 언젠가는

**부록**

내가 뭘 하고 있는 건지 모르겠다. 영혼 같은 건 믿지 않   221117
는다고 했지만 그렇다고 사랑은 믿음직스러운가⋯⋯. 그   17:17
렇지도 않은 것이다. 열흘 가까이 거의 아무것도 하지 못
했다. 해야 할 일들만 최소한으로 하면서 잠만 자고 돈
만 축냈다. 시 수업 들을 돈을 내니 정말 아무것도 남지
않았다. 물론 들어와야 할 돈들이 조금 있긴 하지만 그
건⋯⋯ 그건 언제나 순간이다. 돈 때문에 외롭다. 재능
없음도 나약함도 신경이 쇠약한 것도 그렇게 짜증 나지
않는다. 나를 정말 짜증 나게 만드는 것은 돈이다. 차가운
내 손. 손가락. 아무런 쓸모도 능력도 없는. 뭘 하는 걸까
나는. 뭘 원하는 걸까. 그 여자처럼 확고한 목표가 있거나
야망이 있는 것도 아니다. 죽어라 쓰기만 하는 것도 아니
다. 읽는 일은 내게서 점점 멀어지고 있다. 나날이 사악
해지고 게을러질 뿐이다. 도대체 나는 왜 이런단 말인가?
아무것도 없는 기분. 애초에 가져본 적도 없지만 빼앗긴
기분. 헛물켜기. 빈껍데기. 알맹이 없는 껍데기로 여기까
지 온 것뿐이다. 죄다 운이었다. 그럼 여기는 어디지? 내

가 어디 있다는 말이지? 나는 뭐지? 무미하고 건조해 차라리 그처럼 마구 타올랐다면. 약한 건 이제 지겹다. 매일매일 뒤처지는 기분이다. 이 다 큰 애야. 너는 너무 어려서부터 그랬지. 얼마나 괴로웠을까. 우리가 만날 수 있다면 그런 건 두 번 다시 읽지 않았을 텐데. 아쉽다. 미안하다. 죽을 이유가 없어서, 죽어야 할 이유를 만들어야 할 것 같아서 그렇게 썼을 텐데 나는 편안하게 입을 거 다 입고 마실 거 다 마시면서 그것을 읽고 좋다고 미쳐 날뛰면서 오로지 그것의 파편만을 전달하고 온전히 전하기에는 확신도 생각도 없어서 엄두 못 내는. 못생겼다. 다들 어떻게 살고 있는 거지, 뭣 땜에 이렇게까지 하는 거지. 다들 알면서 미쳐 있는 걸까, 몰라서 조금씩 고장 난 걸까. 내가 제일 바보 같고 멍청하다. 사실이다. 거지 같은 자기 연민. 살이 덕지덕지 붙어서 구토감이 밀려온다. 타인과 있기 싫다. 혼자서 자고 혼자서 읽고 혼자서 먹고 싶다. 하지만 너무나 외로워. 무섭다. 이런 생각을 하는 내가 징그럽다. 미친 걸까. 미친 거라면 좀 제대로 미쳤더라면. 뭐라도 하지 않았을까. 소란만 피우며 아무런 결과물도 못 내는 이런 한심한 짓은 하지 않았을 텐데. 만족스러운 게 없다. 모두가 다 싫다. 기뻐하는 것도 잠시. 그것은 미소로 띄우는 헛배 같은 것이다. 허공이라는 강물에 가짜 배를 던지고 그 파동으로 살아가는 꼴이란 참으로 우습다. 솔직하지도 못할 거면서 뭣 하러 나는 이렇게까지 무방비의 상태로 있는 것일까. 끔찍하게 지루하다. 잠을 자고 싶다. 내게 필요한 것은 그게 전부다. 아무도 아무것도 아무 때도 나를 방해 않고 깨우지 않는 거부하지 않을 영원의 단잠. 그래, 나는 잠을 자고 싶은 것이다.

■ 읽다. 어떻게든 길게 회자가 된 시집은 돌이켜 읽어봐도 새로움이 낡지 않는 듯하다. 단번에 읽히거나 모두에게 사랑받기보다는 본연의 색이 분명해서 더 좋다. 이상한 인물들이 이상한 이야기를 해대는 것도……. 어제 들은 말들이 자꾸 생각난다. 내심 불쾌했나 보다. 좋은 마음이라고 해서 내가 그걸 다 들어주거나 받아줄 필요가 없다는 거…… 왜 모를까. 나는 왜 언제나 사후에 후회할까. 맞부딪치지 못하고 왜 언제나 후회할까. 나를 아쉬워하는 사람 앞에서 뭐라고 말을 해야 하지. 더 성공하지 못해서 죄송합니다. 더 할 수 있었는데 하지 못해서 죄송합니다. 기회를 놓치느라 안타까워하기만 해서 죄송합니다. 나를 잠정적으로 평가하는 그런 말들이 나를 더 작아지게 한다. 나는 언제나 좁고 얇은 과녁. 종이로 만든 후프를 통과하지 못하는 장묘종 고양이처럼 언제나 상황만 파악하며 머뭇거린다. 나를 왜 아쉬워하지? 내가 뭘

230526
16:26

덜 했길래. 좋은 마음인 거 알아 하지만 그런 말들이 모두 무례함을 감싸준다는 걸 알고 나면 정말이지 참을 수 없는 기분이 든다. 어디를 가야 이 모든 것을 수선할 수 있을까. 멀어진 친구를 관람한다. 영영 멀어질 것 같아. 우리는 간단한 안부조차 묻지 않고 나는 이제 그것이 서운하지 않다. 차라리 영영 모르는 사이였으면, 우리 사이에 아슬히 놓여 있는 시간의 여운이 기억의 자국이 없어지면 좋겠다. 나의 브로트가 되어줄 것만 같았는데. 이것도 오만하고 더러운 생각. 내 손으로 직접 이 모든 걸 차곡히 남겨놔야 할지도 모른다 어차피 나만 볼 수 있으니 되레 잘된 일인지도 모른다. 멀어진 데에는 이유가 있겠지. 전과는 달리 조바심이 나지 않는 데에도 이유가 있을 것이고. 이렇게 각자의 인생이 파생되는 것이구나, 생각하게 된다. 그립지 않다. 재개될 시 수업을 생각하면 조금 기쁘다. 내가 착실히 쓸 것들이 희뿌옇게 상상되고 동시에 약간 몽롱해진다. 확신이 드는가 싶으면 다시 뿌리째 흔들리는 기분. 이제는 익숙해져야지. 시를 쓰고 싶다. 무엇에 대해? 막연하고 외로운 기분. 나 같은 사람. 나 같은 말. 나 같은 얼굴······. 영원히 모르고 지나가도 깨닫지 못하는 영혼의 한 조각이고 싶다. 언제든 날아갈 수 있게 늘 가볍고. 먼지만도 못하게. 쌓이지도 않아서 부피도 깊이도 없는······ 절대로 등장하지 않을 나만의 금기어 사전. 그것의 목록은 언제나 살아 있다.

꽁꽁 묶여 있는 나를 보는 나. 칼=공기, 실체 없음. 한 번 의 양보. 서로 포커페이스가 안 되는 사이. 당신은 어떻게 부름 받았는가. My calling? 양보……? 아빠인가? 아닌 것 같은데. 나니까 한번 봐준다? 또 늦는다. 내가 나를 품어야 하는 것 아닌가? 정말 막막하다. 앞이 안 보여. 정신도 없고. 엄마는 내 하루를 여전히 비관하고. 하지만 나였어도 그랬겠지. 그랬을까? 내 정신머리. 누구 봐줄 일이 아닌데 내게 필요한 말들이 아닌데. 난 소명 같은 것 없어. 내가 왜 쓰는지도 모르는걸. 그저 미치지 않기 위한 수단인 것뿐일지도 모를 텐데. 나에게 용기를 줘. 제발 내게 용기를 줘. 모든 걸 잘 해낼 수 있게 해줘.

231001
00:56

너무 지루하다. 지루해서 견딜 수가 없네. 왜 이런 거지……. 곧 일어날 일들을 생각하면 기다린다는 일이 정말 역겹기까지 하다. 그게 아니어도 이제 진짜 끝내야 하는 것들이 있는데 그건 손에 눈에 잡히지도 않고 책 읽는 것도 지루하다. 이렇게나 지루해하고 있고…… 언제쯤 이 기쁨을 기쁨이라고 인지할 수 있을까. 잠깐 밖엘 나가는데 바

231023
00:11

람이 온몸을 뚫고 지나가는 것 같았다. 내가 유령인가? 귀신인가? 그런 생각을 하며 아 지루해.

231105
02:31
잠과의 불필요한 투쟁. 낮을 회피하고. 무언가 오기만을 기다리면서 나는 자꾸 엉뚱한 싸움을 하고 있다. 읽는 책들도 겨우, 겨우 재밌고. 날뛰고 싶은 기분은 종적을 감추고. 젊은 시인이 스스로 목숨을 끊었다. 하지만 그의 이야기가 더 이어지지 않는다. 무성한 소문 같은 것도 들리지 않는다. 이제 죽음이란 그런 것이 되어버린 건가 싶어 나는 그게 더욱 슬프고. 나 역시 이것에 보탬을 하고 있단 생각에 조금 진절머리가 난다. 오랜만에 새 영화를 보았다. 이제 온전히 집중하기란 정말 불가능하다. 기어코 보았으나……. 단것이 먹고 싶다. 내일은 쓸데없는 돈을 쓰지 않아야겠다. 할 말도 없는 것 같은데 왜 이리 부산스러울까. 약을 먹으면 되는데 뭔가가 끝나버릴 것만 같은 느낌이 든다. 지상에서 떠도는 별들. 새로운 시를 써야 하는데. 새로운 시를 써야 하는데……. 나는 혼자다. 어느 정도는 혼자다, 이것은 감각도 느낌도 사실도 아니다. 어설픈 넘겨짚기. 한쪽 눈만 가진 채로 하는 추측. 있다고 믿지만 사실은 없는 여섯 번째 감각 같은 것. ■ 에서 읽은 '초공간' 개념이 좋았다. 공간이 입자라면. 나와 저 책 사이에는 공간의 고요가 있는 것이고 이것을 뒤엎는 감각. 초공간. 갈수록 생각들이 현실의 땅을 버리게 된다. 그만큼 내 상상도 구체적이면 좋을 텐데. 나는 언제 내가 아닐 수 있을까. ▇▇의 시가 먹먹했다. 그가 무섭다고 한 말 때문인지 모르겠지만 너무 무서워하는 것 같아서 나도 덩달아 무서워졌다. 이제 나의 시집은 나를 또 다른 벼랑으로 내몰아간다. 왜 이렇게 유약한지? 책을 읽고서 그냥 있을 수는 없는 걸까? 움직일 때마다 털이 한 움큼씩 빠지는 나의 고양이. 걸음마다 너의 중량이 덜어지는 그 느낌이 부럽다. 필요 없는, 역할을 다한 피부가 저 알아서 탈락된다면 얼마나 시원할까. 말도 안 되게 상쾌할 것 같아. ▇▇▇▇를 읽다 말았다. 배가 고프다.

할 일을 하고, 뻗고, 또 할 일을 하고, 다시 뻗는다. 작은 패턴이 그렇게 돌아가고 있다. 사이사이 틈이 있는 게 다행이기도 하면서 하루 늘어져 있다 보면 그냥 또 그렇게 아쉽고 부족하단 생각이 든다. 나는 요즘 느끼는 게 없다. 있어도 너무 짧거나 내 피곤함만 못하다. 그래서 하루하루를 그냥 딱 필요한 만큼만 산다. 나는 내가 생각하는 것에 있어서도 게으를 수 있다는 게 정말 싫다. 살아 있는 사람의 일기에 대해 생각한다. 며칠 전 문득 써 240422 16:54

진 시는 꽤 괜찮은 것 같다. 친구들의 반응도 나쁘지 않았다. 하지만 이런 식으로는, 이렇게 편편이 발표하고 조각처럼 내 영혼을 파는 식으로는 뭐가 될 것 같은 느낌이 없다. 방법은 아주 많은 것을 외면하고 따돌리는 식으로 거리를 둬서 그것을 약간 잊은 채로 또 잠깐을 사는 것이다. 다만 그러기엔 내가 너무 뭘 모른단 생각이 나를 머뭇거리게 한다. 사회와 문제, 사회문제와 문제적 사회. 내 동료들은 다 이렇게 크고 커다랗고 자기가 아닌 것들에 대해 말한다. 하지만 어떻게 그럴 수가 있지……. 나는 망가지는 세상을 보면서도 내 생각을 멈출 수가 없는데. 가령 이런 식이다. 나에게 주권이 있다 해도 사회가 나 혹은 그 주권의 행사를 받아들이지 않거나 못한다면 나는 아무리 비굴한 처지에 놓여도 그냥 가만히 있었을 것 같다, 는 생각…… 뭐 이런 식. 그러니까 나는 무엇이 없어도 행동하진 않았을 것 같다. 앞으로도 그렇겠지. 사라지거나 사라진 것처럼 구는 게 훨씬 쉽다. 순수한 수동성. 빼앗겼다는 기분. 내 책은 아직도 팔리지만 이건 나에게 결코 죽은 기분은 아닐 것이다. 나는 평생 이것 이상의 성과를 원할 것이다. 가장 높은 곳이 원래 있었어야 할 자리라고 착각하면서 나는 그렇게 내 작업을, 내 책을, 내 시대를 깎아내릴 것이다. 그것보단 그냥 열심히 인생을 버티다가 죽어버리는 게 낫지 않을까? 모든 작가는 죽어야 끝이 난다. 난 그렇게 생각해왔고, 지금도 그렇게 느낀다.

작가는 죽음으로 완성된다. 살아 있어서는 영원히 미완이다. 계속해 비난받고 실패할 것이다. 죽음만이 그를 완벽하게 만들고 독자를 무장해제시킬 것이다. 죽지 않았는데도 이미 작가인 이들은 무언가 착각하고 있는 것이다. 스스로를 속이고 독자를 속이고 있을 것이다. 작가는 죽어야 한다. 기괴할수록 좋을 것이다 이야기의 방식이면 더욱 좋을 것이다. 영원한 인간. 작가들은 죽어야 한다. <sub>240515 00:34</sub>

동료들이 하루가 멀다 하고 아름다운 작품을 써내는 것을 그저 멍하니 보고만 있다. 눈동자는 끊임없이 굴러가고 나는 손톱만큼 옅어진다. 공사판을 지나갈 때마다 어떤 똑같은 생각을 한다. 나는 아주 골몰해 있다. 생활이 어렵다. 다른 종류의 가난이다. 아무도 날 말리지 않는다. 이건 예전에도 그랬다. 다만 달라진 것은…… 밀려 있는 일들을 해내지 못할 것 같다. 아프니? 식물을 만진다. 그만. 그만. 그만. 그만. 그만. 그만. 그만. 그만. 그만. 그

240608
02:11

만. 그만. 그만. 그만. 그만. 그만. 그만. 그만. 그만. 그만. 그만. 그만. 그만. 그만. 그만. 그만. 그만. 그만. 그만. 그만. 그만. 그만. 그만. 그만. 그만. 그만. 이제 제발 그만 나와 내 안에 있는 거 다 알아 제발 나와 제발 이제 그만 나와 나와서 써 써서 나를 살려줘 너 있는 거 알아 안 보여도 알아 이제 그만 재미없어 그만해 그만 나와 나와서 살아지라고 원래처럼 네 운명을 살으라고 죽지도 작아지지도 말라고 차라리 그냥 날

240609
01:59

장황함도 일종의 미덕이라면? 그리고 지금 나는 죽은 사람의 죽음을 부러워하고 있다. 그것이 가지는 몰이해를 탐하고 있다. 모든 의미는 사후에 생성된다. 나쁜 사람들아.

240610
02:00

시는 어떻게 쓰는 걸까? 다시 모르겠다. 할 일을 급하게 쳐냈다. 새로 산 책상에서는 무언갈 할 수 있다.

240618
00:59

고꾸라질 것 같았던 며칠을 보내고. 소강상태. 하지만 그건 최면이고 나는 어제도 오늘도 무언가를 반드시 했어야만 한다. 도피성 수면이라는 말도 우습다. 겨우 달아나기

위해서 자는 것이라니……. 내 삶은 흔들릴 것이다. 누구 때문도, 어떤 일 때문도 아니다. 그냥 그렇게 되어 있는 일이다. 내 삶은 바뀔 것이다. 졸려. 끝도 없이 졸려. 나는 자다가 죽으려나 보다.

내가 어제 몇 시에 잤지? 그리 오래 잔 것도 아닌 것 같은데 눈이 번쩍 뜨였네. 한 6시 30분쯤. 어제 쓴 원고 보내고 그랬다. 그 글이 어떻게 쓰일지는 모르겠지만 되도록 많은 사람이 읽었으면 좋겠다. 하지만 적어도 된다. 이게 침묵보다 더 회피적인 방식이라면? 내가 서술한 나의 경험이 같잖은 핑계가 될 수도 있다. 잘 알고 있지만 어쨌든 쓰고 싶었고 최근 많은 시간을 할애해가며 했던 고민이었기에……. 이제 다른 원고가 남았는데 이건 도저히 감이 안 잡힌다. 새로운 정서로서의 윤리라고 거창하게 말을 했지만 본격적으로 그것에 대해 써야만 한다고 생각하니 내가 내 자격을 의심하게 된다. 그리고 무엇보다…… 나는 조용한 게 좋다. 하지만 방관하고 싶진 않다. 일어설 수 없다면 누워서, 집에서 누워서라도 투쟁할 수 있다. 나의 방식으로……. 그가 어떻게 지낼지 궁금하다. 나는 이유 모를 공포감이 컸는데……. 오랜 장마가 온다더니 이젠 장마가 아니라 일종의 우기 같다. 비가 내렸

240707
08:07

다가 그쳤다가 흐렸다가 너무 맑았다가 다시 내린다. 이 모든 게 하루 새. 지금도 해가 떠 있다. 비가 오게 될까? 언제든. 비는 갑자기 오는 것이다. 싸리나무가 죽어가는 것 같다. 죽을 거면 그냥 꽉 죽지 보란 듯이 저렇게 서서히 말라가는 게 정말 서글프다. 너무 싱싱했었는데, 갑자기 왜? 비처럼 갑자기 왔다 싸리나무의 맺음이. 할 수 있는 건 다 해봤는데 살리지는 못할 것 같다. 연한 줄기를 그냥 다 잘라야겠다. 여행하고 싶다. 내가 뭘 안다는 착각에서 벗어나고 싶다. 그리고 시간이 아깝다. 나는 늙어서 정말 많이 후회할 것이다. 분명하다. 30분 떨어진 도심에서 갑자기 아홉 명이 죽는 사고가 났다. 그때 난 뭘 하고 있었지? 누군가가 죽었다는 말을 들을 때마다 그때의 나는 무얼 하고 있었지? 지금은? 하고 자꾸 생각하게 된다. 뭐 어쩌려고? 그냥 모든 게 부당하단 생각. 나를 포함해서…… 멀어지면 좋겠다. 나는 지금 나와 너무 가깝다. 이 거리감이 지금은 필요하지 않다.

240710
23:05
얼른 보여주고 싶다는 생각이 들 때…… 그때인 것 같다. 그 자신감.

나에게. 나에게. 어쩔 수 없어도 나에게. 오로지 나에게만 집중하기. 내 안의 목소리를 듣기. 내 손이 가리키는 곳으로 그저 따라가기. 쓰기.

240913
22:46

내 자체의 처참함 때문에 눈물이 계속 난다. 너무 더럽고 냄새가 나 참을 수 없을 것 같다.

241005
22:36

갈 수 있을 땐 영원히 망가져버리고 가야만 한다고 느낄 땐 영원히 멀어져 있다고 착각한다. 무구하게.

241008
01:45

도대체 무엇을 목표로 삼아야 하는지 모르겠다. 그냥 하나의 인생을 일궈야 한다는 점에서도……. 나는 너무 편협하고 무관심하다. 귀를 기울이면 끝도 없고 잔인한 것이라면 한없이 절망을 느끼니까. 나는 아무것에도 관심이 없고 오로지 나 여기 이곳에서 느껴지는 국소 부위의 진짜인지도 모르는 가짜 고통에만 관심이 있고 나를 쓰게 하는 것도 오로지 그것이고 나를 옴짝달싹 못 하게 만드는 것도 오로지 그것이다. 나는 너무 작고 너무 보잘것없다. 끝없이 뻗어나가는 동료들을 본다. 뒤처지고 있

241011
01:29

다. 가로막혀서 영원히 탈락될 거란 생각을 떨치지 못하고 차라리 그것이 진짜로 닥쳐와서 내가 울분을 터뜨릴 병이 되길 바라고 있다. 나는…… 나는 내가 사는 세계에는 눈곱만큼도 관심이 없고 역사는 외면하고 싶다. 기억하고 싶은 것이 아무것도 없다. 텅 비었다는 사실이 나의 정체성이다. 이것이 당신의 문제일 수 있는가? 아직 모르겠다. 그냥 여기 누워서 나는 반복해 생각할 뿐이다. 내일이 오지 않았으면 좋겠다고 나는 이미 살아 있지 않다고. 나는 이제 조바심도 나지 않고 내가 저물어가는 것을 천천히 보고 있다. 언제까지일지도 모르는데 우선 그것을 지켜보고 있다. 하강도 움직임의 일종이니까 내 몸은 박제되어 있어도 내 손 내 머릿속 손은 언제나 바깥, 저 바깥을 향해 있으니까. 더 숨고 싶다. 더 외면하면서 내가 놓친 것이 무엇인지 생각하고 돌아보고 다시 줍고 싶다. 읽고 싶다. 그래서 더 쓰고 싶다. 내가 죽고 싶어 하는 만큼의 마음으로 조금 더 쓰고 싶다. 그럴 수 있을까 내가 나를 도울 수 있을까. 삶을 포기할 때에도 누군가에겐 알려야만 한다는 사실이 싫다. 내가 제외된 상태를 견디지 못하겠다. 내가 계속 혼자인 상태를 견디지 못하겠다.

늘 최저점에 있는 기분이 너무 오래이다. 엄마가 왔다. 엄마를 걱정시켜서 미안하다. 또 혼자 울고 있었느냐 그러면서 나를 꼭 안아주었다. 예전 같았으면 도대체 왜 그러냐고 타박했을 텐데 그래도 이제 엄마도 조금씩 알아가고 있는 듯하다. 엄마가 와서 조금 나아졌다. 일찍 자도 피곤한 건 어쩔 수 없지만……. 빠르게 올라가면 빠르게 내려올 것을 알고 있다. 그래도 조바심이 나는 건 어쩔 수 없다. 책 작업을 다 하기 전까지는 다른 일을 그만하고 싶다. 다른 일이랄 게 딱히 없지만 말이다. 못 쓰는 것보다 후지게 쓸 게 더 두렵다. 몇 번이나 이 말을 반복하는지도 모르겠다. 엄마가 오늘 공원에 가자고 했다. 할 일을 다 하고 집에 가고 싶다. 사실 난 자고 싶지만 그러면 엄마가 또 속상해하겠지. 친구들도 너무 많이 걱정한다. 걱정시키기 싫은데 미안하다. 어딘가에서 나도 모를 힘이 솟아났으면 좋겠다. 씩씩해지면 좋겠다. 사람들 신경 안 쓸 수 있다면 좋겠다. 내가 바라는 게 뭔지 알았으면 좋겠다. 글다운 글을 쓰고 싶다. 스스로 좋아할 수 있는 글을 쓰고 싶다. 더 많이 읽고 알고 싶다. 내가 작고 초라하다고 느끼지 않았으면 좋겠다. 미련도 없었으면 좋겠다. 하는 일을 더 즐겁게 할 수 있었으면 좋겠다. 바보같이 굴지 않았으면 좋겠다. 재미있게 시를 쓸 수 있다면 좋겠다. 소박한 걸 가지면 좋겠다. 사람들과 화해하고 잘 지낸다

221111
11:12

면 좋겠다. 내가 나를 용서할 수 있다면 좋겠다.

221125
00:58

나이 지긋한 독자님이 오늘 나더러 자신을 시의 세계로 인도해준 분이라고 말씀해주셨는데, 그래서 다음 세계에서도 뵈면 좋겠다고 해주셨는데. 믿기지 않는 수식어를 들을 때마다 늘 죄송하다. 그런 말들을 들을 자격이 내게 있는 것 같지는 않은데 하고서…… 죄책감이 든다. 나는 거의 모든 것에 죄책감을 느끼는데 이유를 모르겠다. 운으로 작용한 모든 게 내 기반을 흔드는 것 같다. 언젠가 이 죄의식을 정면으로 마주할 수 있다면 좋겠다. 요즘 사람을 못 만나겠다. 만나면 나 안 좋은 이야기만 하게 되어서 너무 미안하다. 그리고 내 눈치를 보는 것은 아닐지 정말 걱정이 되고……. 나는 고맙고 미안한 사람들이 너무 많아 어떡하지 죽을 때도 미안하다고 말할 것 같아 그것도 미안해 얼른 커서 더 크고 많아져서 내 친구들 아니 나랑 내 친구들 품고 싶다. 나는 나에게 잘하고 싶다. 아무에게도 잘하고 싶지 않다. 잘하고 싶은 건 나. 잘해주고 싶은 건 내 친구들. 사실 너희가 무서울 때도 있어. 그치만 그건 지금 중요한 게 아니겠지 이렇게 생각하는 것도 징그러워 미안해. 나는 그렇게 끊임없이 바라보고 들으면서 생각하고 깨닫고 싶다. 글 같은 거 시 같은 거 내가 안 써도 되니까…… 정말 그렇게 된다면 좋겠다. 그것만으로도 충만하길. 그렇게 된다면 정말 좋겠다.

너무 피곤했지만 책 읽으러 퇴근하고 ■■에 갔다. 자리가 없어서 낮은 책상 자리에 앉았는데 상체를 한껏 말아 숙이는 자세가 생각보다 안정적이고 편안해서 좋았다. 이제 곧 실비아가 죽겠지. 보스턴 이야기가 시작되고 다시 런던으로 돌아가면 실비아는 죽겠지. 아이들 배고프지 않게 빵과 우유를 챙겨두고, 가스가 새어 나갈까 싶어 문틈을 테이프로 다 막고. 서른 살짜리 그 아기 같은 머리를 오븐에 처박겠지. 나의 천사. 바보 악마. 따라가고 싶다.

230108
11:45

형체 없이 지나간 날들 남은 건 너덜해진 몸뿐. 그래도 주말을 잘 버티고, 내일이 온다. 약기운 때문에 너무 졸리다. 이상한 영화를 봤다. 평생 볼 일이 없을 줄 알았는데. 아무래도 시를 다시 써야 할 것 같다. 도무지 안 써진다면 그때 다시 생각해보기로. 일기를 조금 더 읽다가 자야겠다. 못 읽겠지만…….

230116
00:50

230213
??:?? 연지 꿈에 내가 나왔다고 한다. 내가 수화기를 들고서도 한참을 말을 못 하더란다. 그래서 연지가 "참새야 사랑해 참새야 사랑해" 연신 사랑한다고 해주었단다.

인용 목록

1  버지니아 울프, 『울프 일기』, 박희진 옮김, 솔출판사, 2019, 267쪽.
2  일라이 클레어의 『망명과 자긍심』(전혜은·제이 옮김, 현실문화, 2020)에 인용된 클레어 키건의 「떨림 Tremors」(150쪽) 중에서 재인용.
3  페르난두 페소아, 『이명의 탄생』, 김지은 옮김, 미행, 2024, 16쪽.
4  박참새, 「내가 무너질 날」, 『정신머리』, 민음사, 2023, 112쪽.
5  다와다 요코, 『글자를 옮기는 사람』, 유라주 옮김, 워크룸프레스, 2021, 52쪽.